献给天下有心人

符号有声

黑马大叔 著

河南大学出版社
·郑州·

图书在版编目(CIP)数据

符号有声 / 黑马大叔著. -- 郑州：河南大学出版社，2025.2. -- ISBN 978-7-5649-6217-3

Ⅰ．J06

中国国家版本馆CIP数据核字第2025WL1542号

符号有声　FUHAO YOU SHENG

责任编辑	席　兵
责任校对	赵海霞
封面设计	高枫叶
装帧设计	肖明煌　谢　静　丁和珍
资料整理	肖明煌　陈　程　董志慧　殷　明　李君影　刘颖云　李　娜　仇　然　谢　静
项目监制	阿yan
鸣　谢	曹　雪　丁和珍　冯　原　金培武　李　坚　吴文波　王粤飞　谢　静　张力平 （排名不分先后）

出版发行	河南大学出版社
地　址	郑州市郑东新区商务外环中华大厦2401号
电　话	0371-22864494（基教与学前出版中心）　0371-86059701（营销部）
邮　编	450046
网　址	hupress.henu.edu.cn
设计排版	河南大学出版社设计排版中心
印　刷	河南华彩实业有限公司
开　本	889 mm×1194 mm　1/16
印　张	22.75
字　数	388千字
版　次	2025年2月第1版
印　次	2025年2月第1次印刷
定　价	108.00元

版权所有·侵权必究

（本书如有印装质量问题，请与河南大学出版社营销部联系调换。）

序

向天堂的他致敬

曹雪

广州美术学院视觉艺术设计学院原院长，教授、博导，学术委员会副主任委员
南粤优秀教师
广东省高校动画与数字媒体教育指导委员会主任
北京 2022 年冬奥会吉祥物冰墩墩设计团队负责人、总设计
2022《新周刊》年度艺术家

一名设计师一生能有很多作品存世乃是件幸事，涉及商业品牌类的设计便更是如此，从某种意义上讲，那些品牌的寿命有多长，设计师的寿命也就有多长。张小平（黑马大叔）无疑就是这样一位幸运儿。虽然他已离世多年，但每每看到他的画或是他设计的品牌视觉形象，眼前便会不自觉地出现他那既熟悉又陌生的模样。在他生前，彼此哪怕有了一点点小的成果，都会急于分享。他喜欢我的画，以至于去买了最贵的进口颜料送给我，并让我承诺他择时一起办个画展……可惜，我没有等来那一天。

二十世纪末，我调来广州工作后不久就认识了张小平。他跟谁仿佛都是自来熟，并且一如既往地那么随和、亲切。印象中，他的书就是他的名片，是他重要的社交工具。他送人书，不论圈内圈外老少妇幼。这是莫大的善事，让设计与美惠及天下。那些受过他如此厚礼的读者，正是通过他所著书上的人名，忽然意识到原来自己结交到了一位名人。而我也深感庆幸，没有去结交那些所谓的酒肉朋友。诚然，若换个角度看，上述的那些受惠者或许就是下一个客户或甲方，而我以为这同样是一件善事。

因张小平在业界有着广泛的影响力，我们广美学院视觉艺术设计学院特聘请他为客座教授和硕士生导师。虽然他一直活跃在一线，但是他特别享受与学生们在一起的每一刻，享受为人师的喜悦，甚至于超过了他身为一名设计师的使命感与责任感。小平也很懂我，在一次硕士论文的答辩会上，他指着我对着同学们说："你们小心点，曹一刀来了。"小平年长我很多岁，但我俩都有一个共同的毛病，就是在学术上几乎六亲不认。哪怕是明知严师也未必出得了高徒，但张小平很善于去调动年轻人的创造力，他所主持的几届十二生肖设计大赛就是一个极佳的例证。

标志设计似乎已被业内公认为是平面设计中的集大成者。它看似简单，却以小见大，处处彰显功力，所有理论的终极体现就在那一眼之差。我和张小平都各自为客户设计了不少各种类别的标志，就连我俩结伴而行外出去评审，也多数是为了标志。我们竟然有两次把被初选淘汰的作品，挽救成最终被采纳的作品，所谓英雄所见略同。我俩搭档的默契可见一斑。

《符号有声》一书汇集了张小平生前设计的众多品牌标志。很多我们所熟知的标志设计，都出自他手，从数量到质量，都令同行们感叹。更难能可贵的是，每一个标志设计的背后都有用文字记载的鲜活的创作历程。借此，一并向天堂上的他致敬！虽说谁也记不清张小平生前究竟出版过多少本书，仅我的书架上就有许多他亲手签名并赠予我的书，但无疑眼前的这本对他还是对他的生前好友来说都极为珍贵，而广大读者，也可以通过这本书更为直观地去认识一下故人张小平及他经手过的一个个品牌背后的故事，了解设计的意义，并思考我们这些活着的人所应当追求和创造的价值。

容我再道一声：请小平兄放心。待此书出版之时，我会替你去送人——让更多的人以书为媒，去认识你这样一位勤奋而多产的名人。

2021 年 10 月写于广州

标志一个时代

冯原

中山大学人文社科学术委员会委员，中山大学传播与设计学院教授
2014—2019 年上海当代艺术博物馆学术委员会委员
广东美术馆特邀策展人

读过杜牧的名句"借问酒家何处有，牧童遥指杏花村"的人，自然会在脑海中浮现出一个酒家的形象——柴门前挂着一个酒字的旗……上千年以来，文字就是汉字世界里的统一标识。因为汉字本来就是一种象形文字，所谓象形，就有文字即标识之意了。

把汉字与西方兴起于中世纪的纹章做一对比，恐怕就不难去理解，为什么欧洲的国王和贵族要发展出如此复杂的图样来设计徽章，拉丁字母虽然也有形，但大写字母还得要结合图样才具有更好的识别性。

因此，文字之分野大体上划定了现代标志设计大约不会起始于中国而是西方，但是，现代标志设计也绝不是欧洲中世纪纹章学的迭代版本。现代标志设计，是工业化和视觉传统两者的结合，而独有工业化才将这一结合推广为全世界所共同接受的视觉习惯。我以为，只要冠以现代之名，就不再区分现代出自哪里的传统，现代之下，所有文化皆为传统，无论西方与中国。

现代标志设计的出世，本身为现代设计确定了自身的识别标志。试想一下，历史上有哪一个时代如同 20 世纪那样出现跨国企业和跨文化的产品，有哪一种文化具有现代工业生产那样能够跨越文化边界和种族地域的渗透力。实际上，现代工业产品的生产和消费方式带来了全球化，而全球化，从视觉文化入眼来看，就是标志设计的全球化，工业产品之于现代社会，就是现代标志设计之于消费人群，标志，就是现代工业社会的大众图腾。

所以，现代标志设计被引入中国，实则是追求工业化的中国所不能舍弃的，20 世纪中国的工业化被表述为现代化，如此我们就能把现代化放到中国的改革开放的起点之上，也不难找到现代设计进入中国的起点。

1978 年，黑马大叔入读中央工艺美术学院，自此也拉开了黑马与中国现代标志设计的不解之缘。

大凡讨论到一个人与时代的关系时，我都会说，就个人而言，最幸运者，不是那些彩票中大奖之人，而是那种能够将个人追求汇入时代潮流之人。因个人的追求，竟能化为一个时代的推力，并能成为时代潮头的一朵浪花者，实为三生之有幸矣。

黑马就是这等有幸之人，那是因为黑马入设计之门、习设计之道并有志于标志设计以来，适逢中国现代化之浪潮，而从事标志设计，更是为中国的现代化创作"纹章"，其工作的结果，本身就代表了一种看得见的现代化，这本黑马大叔的标志集，仿佛就同音符一样——这些标志符号，串连起了中国的现代化乐章。

现代工业化产品的标志，起自标志与产品的关系，但起作用更多的是构建人的观念体系。可以这样说，标志于产品是形态；于人而言就是认知，就是情感和偏好的寄托。我也因此而认定，标志一经创作出来，其实就被创作者赋予了生命（观念）——标志要比标志表征的产品存在得更久远，如考古的现场，曾挖掘出数万年前的图腾标志，创造这种图腾的人和文化早已荡然无存，但这个图腾符号却可以"永存于世"……

黑马大叔这部标志设计集，其标志所涉及的产品和企业跨越了中国现代化的几十年，而这些标志，有许多也是我们早就熟悉的，似乎已变成了黑马大叔和他的团队所创造的物种——它们就像是长脚的或长了翅膀的动物一样，将永远地存活在符号的观念世界里。

符号无声胜有声，黑马大叔的标志集，就是一个具有生物多样性的符号动物园，这些符号出现于中国走向现代化的几十年之间，并将永久地标定这些年代，并成为这个时代的标志。

2021 年 10 月写于广州

献给小平的一瓣心香

金培武
广州市广告行业协会顾问

《符号有声》最大特色，是每个标志作品都有翔实的设计意念文字说明，这是同类书非常少见的。这些文字篇篇都是生动的随笔，其中记述着设计的思路、市场的洞察、技法的诀窍、成功的心得、失败的遗憾、客户的友谊、人生的感悟。这些文字伴随着标志，绘声绘色，生动精彩，宛如他正在美院给学生和研究生授课，娓娓道来，侃侃而谈，真所谓"符号有声"。

敬爱的读者，你如果是一个平面设计师，我建议，这本书绝对是你创作时案头必备的最佳参考书。本书的标志的分类非常详细全面，包含各类组织、机构和活动，各类产品和服务。标志设计的类型也是百花齐放，兼容多元，包括：只有名称；名称符号组合；首字母；图案；寓意型；抽象标识。本书收集的标志有着准确丰富的寓意、完整均衡的审美性、鲜明突出的区别性和强大的视觉冲击力。

张小平毕业于中央工艺美术学院装潢系，师从吴冠中等艺术大师，他的标新立异真乃继承他恩师的衣钵。小平曾说："大学刚毕业进入广州市广告公司工作时，我对标志图形设计投入了巨大的热情。印象中，几乎每两天设计一个标志。"从中国平面设计的发展历程来展开，小平创立"黑马"这个品牌，成为二十世纪八九十年代平面广告设计的标杆。他长期担任中国广告长城奖的评委。他是广州乃至全国广告界的杰出代表人物之一，是平面设计大师，引领和开创一代风范。广告业初期，黑马的设计独树一帜，享誉业界。他设计的海飞丝洗发水吉祥物长发妹，因海飞丝、飘柔美发亲善大行动的显著业绩而得到宝洁总部的嘉奖。

商标设计作为现代平面视觉设计最核心的表现形式，经历了从原始的商标设计到系统化的VI设计的演变，从黑马的设计作品中，见证了中国改革开放后的平面设计的发展历程。他说："二十世纪九十年代以前的设计全部是具体形象的表现。我当时刚大学毕业，血气方刚，很坚持当时能影响我的以英文字母为主，能表现商品特性又相当简约的设计。""中国标志从具象的物质到字母和抽象形的改变，也算记录了标志设计从传统装饰审美到讲究视觉传达醒目、抢眼的变化。"

我们知道，二十世纪九十年代，营销进入品牌管理的时代。品牌化（branding）是全面营销活动的焦点，是营销组合最强有力的组成部分，也是品牌资产的基础。一个品牌要长久不衰，卓越的和系统的品牌管理必不可少。品牌不是自然而然地生存和发展，没有持续的投资和积极的管理，必然消亡。商标和标志既是品牌化的出发点，也是品牌化的着力点。用心设计的商标和标志，只有资金投入推广才会产生意义。小平对品牌管理有许多感悟，这些饱含真知灼见的金言，读来发人深思："商标改良对品牌提升很重要，但它绝非唯一制胜法宝。""品牌的改造其实是系统工程，形象改造只是第一步，没有后续的产品、品质、推广、营销跟进，一切只是在原地踏步。""好的设计师能遇到一个好的项目，是他前世所修。""给一个不愿或没能力打造品牌的企业做一个好商标，无异于浪费表情。""是用心设计了，可惜没有什么资金推动，也不是作为企业形象的策略推动。如今，仅留下来的是当初的一点热血。"

小平一生力主创新，标志设计风格与时俱进；平面设计中，手绘是基本功，视觉语言更丰实。他设计的李时珍商标，寥寥几笔把人物的精气神传达出来。他说："商标设计图形的多样性是和设计师掌握和了解表现的多样性成正比的，视觉语言掌握越丰实，能表现的宽度越大。"

这本书，小平生前五个月已经排版就绪。我权且将本书视作他的绝笔。我们密切合作八年之久，共同筹建和主持广州市广告行业协会。2006年12月，广告协会实行脱离政府机关的民间化改制。会员大会一致选举小平为广州市广告行业协会会长，提请退休赋闲的我为秘书长。关于协会的标志，当仁不让由他负责。他很快提出羊头标志，至于我提了什么意见，现在已经忘记了。可能我想抽象化一点，不要将广告局限于视觉传达。他却调侃地说，他够霸道，做了一次甲方。当然，标志必须精练简约，以点带面即可，诚如古人言，"以少少许胜多多许"。

关于中国广告金像奖标志。小平有详细的回顾，他说："办协会一定要搞活动，搞活动才能聚人气和造影响。金培武秘书长对此很在意，一直在呼吁广州广协一定要办一个中国南部最大的广告奖项。针对广州广告业近年来边缘化的现象，喜马拉雅广告老总赵辉力主以'中国广告金像奖'命名，理由是希望能造出高度，无论对参赛者或赞助商都是个吸引……我也举手赞成。标志是用中文的笔画散件塑造了一个汉人，其实这个中国人双手拿起的是一个标准的'一'字。"小平又请雕塑家做了立体模型。我们委托铸造业重地佛山企业铸造铜质奖杯。小平倾注全力，招商引资，聘请全国评委，也有外省的作品入选。成功办了两届，现在是曲终人散。

现在，自己接近耄耋之年，虽然幽冥永隔，焉能忘怀？追忆陈年往事，我心头一直萦绕着莎士比亚的一首十四行诗（第30首），它高度赞颂真诚的友谊，激励我奋发有为，偿还"旧账"，弥补悲伤。现将全诗拙译录下：
对亲切的沉思默想进行开庭时，
我传唤起一生陈年往事的回忆，
我叹息曾经求而不得的许多事，
再一次哀伤我宝贵年华的荒废；
我从未习惯流泪如今泪眼涟涟，
因为那些挚友长眠在无期永夜，
重新哭泣为久逝的爱情而哀怨，
为许多消逝的情景而徒劳悲嗟。
于是我为先前发生的悲伤而悲伤，
难以忍受对一桩桩痛苦反复细数，
现在计算以前哀叹过的伤心旧账，
仿佛从未清还过，我现在重新偿付。
我亲爱的朋友，此际我心中想到你，
所有损失获得补偿，悲哀永远终止。

细读这本书稿后，写下以上读后感，衷心奉献给你，敬爱的读者——"天下有心人"。这也算是我献给小平先生的一瓣心香。

2021年9月写于广州

早期设计启蒙的推动者

王粤飞
著名设计师,国际平面设计联盟(AGI)会员,深圳平面设计协会创始人

小平兄是早期设计启蒙运动的推动者之一,天生的领军人物,强烈的城市共荣感使他一路追随道理,疾恶如仇,不屑摇唇如簧,喜欢批判性思维,以创意成败论英雄!他内心极度渴望设计,一生受人尊重,立志向东,打下一个设计能够普度众生、创作繁荣的天下!

2021 年 10 月写于广州

小平的绝唱

李坚
资深设计师,书画家,SGDA 会员,艺术北塘策展设计总监

《符号有声》是小平的绝唱,声入人心。现今视觉泛滥,又有几枚 logo 能真正让人们记忆停留!设计师的责任,就是怀着美的情怀,遵循美的原则,为人们为未来,去引导去鼓号,努力前行!大叔,倾其一生践行着。

2021 年 10 月写于广州

创作背后的思考才是智慧的凝聚

吴文波

前黑马广告设计总监
乘果创意策划（广州）创始人、LUCKYXIAO 肖确幸 IP 主理人

能够为黑马大叔的书写序实在受宠若惊，作为曾经在黑马广告工作过的我，亲身受到大叔的熏陶的日子是我广告生涯里非常难忘的一段经历！

在平时的工作里，黑马大叔从不干涉我们创意的自由，哪怕一些很幼稚的想法，他都会从正面去鼓励我们，并且拿出自己的方案跟大家一起讨论，他更多的是从事物的本质出发，打破常规，一针见血，同时极具创意。在他每一次的手稿中，我看到的是对项目的理解，是对细节的追求。黑马大叔在工作中没有太多口水理论，喜欢默默作业，以身作则，在电脑设计盛行的年代仍然坚持绘制着精致的手稿方案，让我们深刻感受到他对项目要求的细致认真！

标志不仅仅是图形设计和品牌理念的体现，更是创作者背后对传播、对品牌、对艺术等综合思考的呈现。而本书记录了黑马大叔 33 年来一直坚持在设计一线的大量创作背后的故事，不仅值得对设计感兴趣的朋友细细品读，更是一本让你了解大师对社会、对文化、对商业所思所想的极佳读物！

设计也许会过时，但设计创作大家背后的思考却是经得起时间考验的智慧凝聚！

2023 年 11 月写于广州

真善美信望爱

莫康孙

华文广告教父，马马也创始人

端午假期在家收拾书房，翻到多本黑马大叔送给我的书。当年黑马大叔就像圣诞老人似的，每一次在各种广告活动里都以书籍或墨宝相赠。我还翻到了 2012 年出版的"飞龙百相"（飞龙在天）及"恩言画集"。黑马大叔以书籍不断传承中国设计文化，内容融合了真、善、美、信、望、爱，这些来自人间和天堂的价值观。黑马大叔在我心中，就好像他自己说的一样，"一个无知的孩童在仰望星空"。愿天堂的光一直温暖照耀着黑马大叔。

忆黑马大叔

苏秋萍
华文广告教父

国内号称"广告大师"的人不计其数,在各自的小圈子里互相恭维。傲慢与偏见的我,根本不屑一顾,也从不接近这些大师兼泰斗的圈子。但我对黑马大叔却异常敬仰,对他的邀约必定抽空到会。一直把他作为君子之交。在他的"地盘"广州有任何需求他二话不说,立马处理,龙玺多次在广州的活动都由他一手包办,在其间的接待更是不在话下,甚至数次为我和林俊明在广州庆生,我仍然珍藏着他送我的茶壶和字画。那天听闻他出了意外,问候他,他说只是给车子碰了一下,没事。过没多久却传来他离世的消息,当时身在国外无法赶回给这位老友记送行,一直感到遗憾……久久不敢遗忘,弯着身子但在我心底是位高大雄伟的汉子。

设计使命

黑马大叔

我天生对图像敏感（后天对文字的感觉是另有因由），这辈子要创造多少个标志而终结还不得而知，就此打住光阴来盘算之前做过多少个标志已难以计算，爱好而梦想不断的动力，相信作品会像喷泉一样源源不断。

随着艺术市场的升温，不少同学和同行都劝我弃设计、广告从事绘画，全是好心，也了解到我对艺术的情结（但只有极少的人知道我并没有停止绘画的涂鸦），我不置可否。确实，做艺术更随心随意，不用开公司，没有太多的成本考虑，不用耗费太多的时间陪客户，研究市场、对手、品牌和商品；完全没有公司经营和人才培训的负担。一条心，钻下去专心把作品做好、做精就成。

这梦我也想，从懂事起就没断过。

画画是何等快活的事！如果又快活又有收入，甚至是高的收入，那大约是个快活的"印钞机"。

有没有发现，你所熟悉的"印钞机"（快活与否并不都是人们关心的要点），基本上都是某种主题的批发商。齐白石批发虾、徐悲鸿批发马、关山月批发梅花……名气越大，批发价越高，而买家并不太在意"印钞机"的主题和技法的更变，有货就行（高山仰止的大师们，得罪了）。

设计是何等累人的工作，每件作品都需原创。要考虑市场、清晰定位，又要有独一无二的表现及超越竞品的惊喜。单就每件作品要做到原创和惊喜这两点，已经是对所有设计师极限的挑战。

话又说回来，中国设计的价格一直上不去。虽然如今绝大多数的客户都认同设计的价值，但一谈到价格，特别是对国内设计师的价格，好像不砍几刀，心里总不舒服，砍得越低好像自己越有能耐。

处于脑力和回报上下两极相背的中国设计、广告行业，怪不得至今还见不到可以和"印钞机"相提并论的大师！

我天生一副较劲的性格（画画不太愿做批发的货色，暂时也没打算要卖），设计的活我是铁着心干下去了。我不相信，一个可能为品牌带来几亿、十几亿、几十亿资产的设计，就不能与"印钞机"一件作品的价格相提并论？

况且，设计成就的品牌价值和对人类文明的推进，应该有其精神和物质的特别贡献。

不知道这算不算是设计工作者的使命。我试图尽力以身作则去影响黑马的同伴和我的学生，让其施展更多的才华。我相信，付出的回报天会给予的。

2006 年 3 月写于广州

（原载 2006 年 3 月《领跑》杂志《符号有声》专栏）

目录 CONTENTS

商标和标志设计

形象项	区域形象	001
	协会	
	学校	
	公共机构	
	比赛	
	活动	
	展览	

| 家用电器项 | 卫浴 | 057 |
| | 家电 | |

| 食品饮料项 | 食品 | 067 |
| | 饮料 | |

家庭及个人用品项	化妆品	093
	日化产品	
	生活用品	

办公用品及设备项	学习用品	119
	办公用品	
	办公设备	

保健品及药品项	保健品	127
	药品	
	药业	
	医疗器械	

房地产、建材及家居项	房地产	153
	建材	
	家居	

服装饰品项	饰品	195
	服装	
	鞋	

服务业项	金融贸易	203
	企业	
	餐饮业	
	文化创意产业	

| 个人标志项 | 个人标志 | 237 |

| 标志其他项 | 非正式运用的标志 | 243 |

吉祥物设计

吉祥物项	企业吉祥物	255
	产品吉祥物	
	竞赛吉祥物	

字体设计

字体项	黑马书籍封面字项	299
	企业及产品名称	
	中英文项	
	英文项	
	音乐及歌带字项	
	其他字项	

商标和标志设计

形象项

区域形象
协会
学校
公共机构
比赛
活动
展览

新会市（城市区域形象）市徽 /1993 年
新会有一个全国著名的景点，叫小鸟天堂。小鸟天堂其实就是一个坐落在河中的小岛，
岛上有一棵据说是亚洲第二大的榕树。一个岛一棵树，这树也真够大的。
岛上密密麻麻的全是树干，其树干是由榕树身上的气根接地后长成的，这树就像一座森林。
也是树大的原因，里面栖息着很多鸟，鸟儿早出晚归的景象，甚是壮观，因而也得名小鸟天堂。
市徽开始是公开征集，征集到的作品有三千多件，作者来自全中国各地，年龄的落差也相当大，
可惜就是没有多少专业的设计师参加。全部作品放在当地的一座孔庙展出，也邀请了市民参加评选。
说句公道话，当时能征集到三千多件作品的确不少，在过后的十年，
这种征集能收到一千多件已经相当不错了。让人感到可惜的是，几乎没有眼前一亮的作品，
基本上都是些制作幼稚的构思草图稿。
以小鸟作元素又有徽志感的就是市徽的原形。当时，我是评委，我也很坚持选这作品的原形入围。
原形进入修改和完善的设计阶段是基于通知不到作者，或其他什么原因，
今天我已经记不清楚了。唯一记得的是我曾要求主办单位要事先征求作者的意见，
公布时要署上作者的姓名。署上作者姓名的市徽揭晓，在后来的媒体公布上我有看见，
至于应主办单位要求修改原作者作品的做法，我好像仅此一次。
最有趣的是修改市徽过程中的一件事，终生难忘。当时市里的常委们在讨论小鸟头的朝向时，
有位领导希望把鸟嘴安在鸟头的上方，说是表现一飞冲天，蓬勃向上。
但另一位有打鸟常识的领导指出，通常用枪打中鸟时，鸟中弹后都会头朝天一冲，紧接着就掉了下来。
顿时，全场无声。
市徽看似简单，但图形上包含有新会市的两种特色元素：一是小鸟天堂的小鸟，
二是小鸟振翅向上飞翔的翅膀，其实这也是表现了葵叶。新会市因产葵出名，又叫葵乡。
整个图形以绿色为主，眼睛有一点为红色，这红眼睛当时我解释为太阳。

增城市（城市区域形象）市徽 /1994 年
增城在广州旁边，归属于广州市管辖。在 1993 年前后，中国各城市不约而同地争相做市徽，
市徽一旦确定，市政很多物业都会烙上这个徽志，
一时间很多有市徽的城市也感受到有如港澳有徽志的形象面子。
大约在 1998 年之前，也是一夜之间全部市徽不再堂而皇之地宣传了，
接着在以后的日子里再也没有人提起，全中国没了市徽的踪影。这些当初显赫的市徽，倒成了历史遗物。
增城最有名的是荔枝，据说当时唐朝皇帝赐给杨贵妃吃的荔枝就是来自增城。
增城荔枝最有名的是"挂绿"。以"挂绿"荔枝作为增城市徽是再贴切不过的了。"挂绿"有两个最显著的特征：
一是每一颗荔枝从头到尾都挂着一根绿线；二是每一颗荔枝都长有一个寄生小果。
为了让人们有认同感，市徽上荔枝的独有形态一定要作写实表现，多余的装饰在这个表现中只会画蛇添足。
唯一使甲方妥协的是荔枝果形上端的"Z"字母的小枝小叶，也算是一个可读的增城拼音第一个字母。
红色和绿色令市徽有如圣诞节的喜庆，白色在红、绿色中穿插，起到了调和的效果。
当时，这市徽的业务是指定设计的，不用比稿，基本上一次通过。而且直接与主管的副市长对接，
可能黑马当时已有新会市市徽的业绩，加上他们也是赶着要市徽出台吧，整个进度非常顺利，
后来也看到在增城市的主要路段和大型广场上都有了设置。

广州文化公园汉城（城市区域形象）城徽 /1992 年
这汉城，其实是广州文化公园当年新开辟的一个休闲场所。我和广州文化公园很有缘分，
从小就在那里学画画，当年的老师们知道我学了设计，接了这个项目后就要我帮忙做了。
一座小城，"养"了只朱雀，这全是汉代图形的平面化，没有太多的争议，一稿做出来就用了。

广州市消费者委员会（协会）诚信标志 /1988 年
改革开放最初在商业上一个表面改变的现象，就是从没有标志或商标过渡到不可能没有标志或商标，从
没有包装或包装过于简陋过渡到不可能没有包装或不可能没有好包装的转变。
那是一个设计"泡沫"的年代，我每周起码有一个标志或商标要做。
当然，当时客户愿付出的钱并不多。
三五千元设计费应是偏高了，一般都在五百元（特别是内地，也就三五百元），
能收到一两万元了不起了。
也是在那个时期，曾设计过中国人民银行、中国工商银行、中国农业银行行徽的陈汉民老师告诉我，
日本的大设计师田中一光到过他家，曾以为他设计过那么多银行的行徽，一定很有钱了。
陈老师拍着我的肩膀，深情地告诉我，设计那些银行的行徽当年就是给五百元。他笑侃，我比他有钱。
大约 20 年后，听说各银行也补了些钱给陈老师，也给了肯定的荣誉。
这个标志想来也不是一个长久的标志，也是一届领导要求做认证时有个图案。
我也就在文字上作了一个简单的处理，大约也和城市的工商企业有点关联，看得出有榜样的标明，
和诚信是有关系的。
当时我设计的很多标志都是义务性质，基本上非商业的也收不了费用，
所以甲方一般对作品还有尊重，一稿完成，大多不用修改。
哈！这就是历史。

广州市消费者委员会（协会）会徽 /1987 年
公平、公正、公开地维护消费者的权益是消委会的宗旨，
在会徽上也希望以平均、对等的图形作表现。
这会徽的切割，无论是左右、上下对半分切，其面积都是分量对等的，
这也是为了体现公开、公正的宗旨。
会徽的外形很方正，但里面的构成全是斜线，很锐利。
方里藏刃，正是我要为此会徽诠释的精神。
会徽整体为偏深的红色，稳重、富有尊严。

广州青年美术家协会（协会）会徽 /1982 年
"M"的字母是"美术家"普通话拼音的第一个字母，中国改革开放之初，还没有和国际完全接轨，
在拼音的运用上还没有全盘西化，所以用普通话拼音也是一个时代的痕迹。
在美术园地中茁壮成长的新苗，就是此会徽的完整含义。
至于会徽上关于广州的表述并没看见，只能靠会徽差异性的设计作自身特别身份的表述。
会徽两侧和底部的直线和居中放射的几条斜线形成的视觉张力，正是此会徽的生动之处。
会徽为绿色，表现青春、活力之感。

广州海外联谊会（协会）会徽 /1988 年前
该会隶属于广州市委统战部，属于统战联谊的组织。
这也算得上是一个经典的标志。两只一样大小利用阴阳的图形做差异排列形成空间的鸽子，
在双鸽共生展开的翅膀里，看到了寓意五大洲的五根羽毛，其中羽毛之间四条白沟，寓意四海，
这样一来，五洲四海的概念全有了。鸽子左右弧线的摆动犹如翩翩起舞的爱情。
鸽子，是和平的象征，阴阳是多元的表示，你中有我，我中有你，更是联谊共荣的和谐。
标志为深蓝色，犹如大海，犹如蓝天。

广东省商业摄影师研究会（协会）会徽 /1986 年
1986 年前后，广告界的牛人要数从事商业摄影的哥们儿了。那时电视广告制作还没兴起，
从设备上要数这些哥们儿最牛了。在硬件引进的年月，设备的优势绝对是实力的优势。
广告史当然要写上这一笔，这研究会是全国这个行业最早的行业组织。
我还记得的创会首领有华汉南、李健堃、徐沛、伍洪、梁力昌、何炬等，秘书长是何健民。
快 30 年过去了，看到这会徽，想到这些哥们儿，血还是热的。
该会的定性，是由各专业设计、广告公司内，从事商业摄影人士组成的行业技术组织。
会徽由象征摄影机的圆形镜头和象征专业摄影电子闪光灯的侧面三角形构成，
表明广告摄影的专业特性。三角形、圆形有攀高峰、创伟业之意，
其形也与广告的英文字头"A"相合。圆形有团结、共同探讨的含义。
圆形和三角形相交的缺口，也是展现了照相机快门的开合和光的闪动。
从摄影器材抽象形的组合来表达该专业的行业特征性，
再加以美好的概括和提炼，正是此会徽设计的重点。
会徽为深蓝色，有稳重和工业感的双重含义。

广州环境装饰设计协会（协会）会徽 /1989 年
这个协会的最初人员，是一帮来自室内装修的老板和行业的资深设计师。
我是这个协会的创会会员，想来真是荒唐，但这个协会最初的所有筹备会议我都参加了，
那时我还年轻，精力充沛，也愿意凑一些和设计有关的热闹。
拉我入会的是看着我从小学艺的陆绍权老师，他是珠江实业集团掌管设计的头儿，
主持过白天鹅宾馆、花园酒店的设计。成立这个协会，也是他的心愿。
当时还认识了两位前辈：一位叫黄炽铭，年龄已经很大了，应该下了一线；
另一位叫苏森陶，也是漫画前辈，当年也有五十出头。
会徽以"广州"和"设计"两个英文字头"g"和"d"做图形的适合组成。
大约体现你中有我、我中有你的团结概念。能用英文字母作巧妙、简练有设计感的表现，
在那个年代都被认为是具有新思维的设计。那时，我也这样看自己。
会徽为深蓝色，体现工业感的设计。

广东省和平商会（公共机构）会徽 /2012 年
和平是广东省的一个县，地处客家地区。
商会名称上省去县字，感觉是个省级的商会，这也是体制造成的比较心态产物。
这类标志的设计应该是政治思考优于设计思考。
政治思考成熟了，设计作个配合就可以了。
图形是最保守，也是最权威的形态，
和平的联想很自然就是和平鸽和橄榄叶（枝）。
在联合国徽章上有橄榄枝的标准造型，
只要不侵权就可以修改后用。
只能变化的是和平鸽的造型，这点也不难，网上挑一些造型再作调整也就行了，
需要玩原创和设计，也可以重新设计。
绿色是环保颜色，没什么好考虑的，但绿的倾向和深浅可以作调整。

广东经济学家企业家联谊会（协会）会徽 /2001 年
是不是标志的英文首写有三个 A，看来不是。
那三个三角形是一个 A 的重复，是那个 A 这么重要？时间过去了这么多年，已经没印象了。
作为标志，单纯的表现，能保证美感印象也深刻，问题是能和形式一致吗？
形式与内容有关联，内容刚好也可为单纯的形式提供优质的元素，这当然是先天的优势，
可遇不可求啊。单纯的节奏重复，是当代艺术"复制"观念下的特点，这标志在表现时，
其构成已展现了这一观念。力量的结聚，有如群山起伏，正是此会徽要表达的理念，
至于此山来自何意，这倒可以从字形、含义上作有说服力的调动。

广州市裱画师协会（协会）会徽 /1986 年
1985 年 12 月 25 日，我的首个个人创作展在广州文化公园举行，取名《黑马创作展》。
展品一半是设计，一半是绘画。绘画全是纸本设色，纸本全是宣纸。
因而展出前，全部作品要作托底装裱。
陈永锵兄的太太娟姐是裱画大师，这工作当时有幸得到她的帮助。
那时陈永锵夫妇正值盛年，没官位，没名气，快乐得很。也是娟姐委托我设计这标志，
想来当时她也想一展拳脚。多少年以后，也没听说有这协会，但人情我是给了。
懂得裱画的人，应该很认同这个标志的设计。
裱画是画与底纸在板上的相贴，大黑框可以看成是底纸、
底板、绫边或镜框，卷起的是画也可以看成是底纸，裱画的特性一目了然。
回看如今字母泛滥的标志设计，能与内容密切关联又有设计感的标志其实并不多见，
因此也是可贵的。
会徽为黑白色，表现最原始的基本。

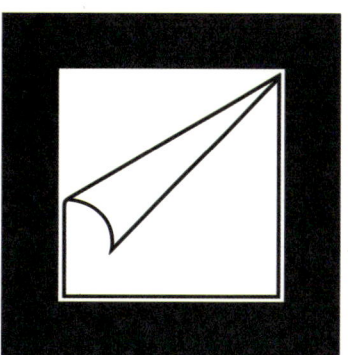

广州市广告管理所（公共机构）标志 /1987 年
中国的广告公司早期大约有三种出身。一是出身外贸、轻工系统，这类广告公司在计划经济时期，
基本上控制了中国进出口广告，广告一进一出全要经他们的账户，稳当地提成 15%。坐等收利，
不用跑街接客，肥死了。二是出身文化系统，因为这个系统有美术人才，中国广告最早是以美术先行，
广告的主将很多早期都是画画出身，这类公司转型为广告公司也就顺理成章了。三是出身工商系统，
中国广告一直归工商部门主管，管广告又经营广告，这是中国在改革开放早期的怪现象，
这现象也持续了近 20 年。既然可以经营广告，就不可能不开广告公司。我当年进入的广州市广告公司，
就是广州市工商行政管理局的下属机构，相当于一个处，每逢学习都和工商局的干部一起，
只差没发给我们发大盖帽和工商制服了。
广州市广告管理所，其实就是工商局放在广州市广告公司里的一个部门。现在回想起来真是不可思议，
一家经营广告的商业机构，他的"老爸"居然是一家管理这个行业的职能部门，而在这个商业机构内，
又有一个执法部门。你想，其他广告公司如何可能与其竞争。
标志以"广"的拼音字头"G"做主体，一环紧扣一环体现了管理有序的概念。
标志为深红色，与广州市广告公司司徽同一颜色，暗示两个招牌，一套人脉。

中国对外经济贸易广告协会（协会）会徽 /2001 年
国际广告协会英文缩写是 IAA，把 IAA 保留下来，前面加上中国英文称谓的首字母 C，再把颜色作了区分，
这会徽的等级就上去了。这不完全是个设计，或者说这设计的形态是从概念导入的。
思考这类概念的形式需要有尽可能大的视野作支援，格局小了就只能在视觉上找形式，概念有了，
图像自然而然就会跳出来。中国对外经济贸易广告协会当年是归属对外贸易经济合作部管的。
在改革开放早期，中国的广告有两个管理系统，一是外贸口，一是工商口。
当年所有进出口广告都要通过外贸口，外贸系统的广告公司什么都不做，只要有进出口广告，
其经营部门就一定要奉上一定的佣金给他们，这是外贸口广告商的黄金时期，
以后，工商口全面接管了中国广告的管理权，
而进出口广告也同时开放。工商口虽然执掌了广告管理大权，但原有的进出口广告的油水已经蒸发。

广州市广告行业协会（公共机构）标志 /2006 年
广州市广告行业协会（下简称广州广协）是中国广告界最早转制彻底民间化的地方行业协会。
这样说吧，从 2006 年广州广协转制之后，又过了 10 年，
在中国也只有广州广协是真正意义上的民间化组织。有一个名称上的辨识，
全国的广告协会只有广州广协在名字上多了"行业"二字。
全国的广告协会都是归属各地工商部门管理的，
不太彻底转制的广告协会归属各地文广电部门，
只有广州广协是没有主管部门，居然也能生存，
而且还发展了六个分会，着实不容易。
这标志最早是为广州大学艺术设计学院设计的校徽。广州又叫羊城，两只羊角就代表羊城，
眼睛寓意视觉，两个方形是中国吉祥图案"方胜"，寓意合力进步。意思不错，但还是没被学院采用。
刚好广州广协成立也需要一个标志，刚好我也是首任会长，这标志就顺理成章地确立了。
一辈子都是为客人做设计，一辈子都要看客人的脸色，好不容易做了一回甲方，
好不容易能自己说话算数，是这标志的命好，使得广州广协有了一个有特别个性的标志。
记得当时把标志送广州广协秘书长审查时，这位老兄也是做了几十年的工商局干部，
习惯了以甲方的身份看设计，他当然也有自己的观点，当时就说了几条要我改。
我突然反应过来告诉他，这设计是我做的，但不要把我看成是你以前观念之下的设计师，
我现在是你的领导，领导认为好就是好。你看，这个我够霸道的。
甲方、乙方，唉！

广州市中山五路小学(学校)校徽 /1988 年
校徽的骨架是由"中"和"山"构成。
"中"是摊开的一本书,中间夹有一树枝,"山"是由叶子架构而成。
因为了解到学校的绿化做得非常好,或是有绿化的传统,因而就加上了这"山"形叶。
记得校徽是某位同事当时为了让自己的儿子进这所重点小学,见了校长后主动请缨接单让我做的。
这项任务纯属爱心贡献,自然也是义务。
整个标志是绿色,强调生命、绿化双重含义。

广州现代舞学校(学校)校徽 /1988 年前
印象中是参加首届"美在花城"广告模特新星大奖赛当评委时,
受其中一位评委——广州现代舞学校杨校长邀请做的校徽。
现代舞有别于传统舞蹈,
所以在标志上我取现代 modern 的第一个字母"M"设计成舞蹈服上的吊带,
以吊带套上了一个饱满的太阳。
中国现代标志设计的拐点应该在 20 世纪 80 年代末,
那时这类简洁的标志设计并不多,
我在当时的广州也在努力地推动这项新设计的进步。
现在看到的,应该是那时努力的脚步。

广州市第二中学(学校)校徽 /2006 年
广州一所有传承、有历史的重点中学。
元是学校历史给出的元素,有学校所在地应元路,有状元及其他不少有关于元的说法。
把校徽做成了一个章形,也是依照清华、北大等名校感觉,但又有所区别。
元用篆书,除了历史感外,人形的符号感也相当强。
元为始,校徽的主体也像个太阳,如日中天,红日高照,
校徽的形象也可能在激动焕发着师生的正能量。

中华英豪学校（学校）校徽 /1993 年
这是一所广州最早的贵族学校，学校在广州郊边的从化。
当初学校的领导找到了广州名画家林墉的太太，同是名书画家的苏华大姐，
让她推荐设计师做校徽，华姐推荐了我。
后来，学校要我推荐名人写校名，我极力推荐了华姐，而且还为华姐的润笔费尽量加码。
当时华姐一个字收三千元，"中华英豪"四个字收一万二。我说，苏华两字的落款也要收六千。
哈！从现在的眼光来看，这字题得确实好，这推荐有感情，也很实在。
校徽的图形是以未来之星的概念设计的。整个图形就像一个伸展双臂的意气风发的孩子。
这是一颗星，也含有明日之星的意味，但这星的体量不大，也并不完整，这象征着他还在成长。
星星的头部是一轮初升的太阳，一切都是在正常的成长中，这是象征，也是祝福。
中华英豪的未来，就看今天无数健康成长的未来之星。
中华英豪学校就是培养未来无数中华英豪的理想园地，
这也是设计校徽在图形上埋下的千千祝福。
校徽的头部为红色，身上全是绿色，表现生命和阳光。

中华英豪学校（学校）校章 /1993 年
以中华英豪学校校徽作核心图形，
把中英文校名缩写和相关的辅助图形元素作组合，
成为可以放置在校服中的徽章。

广州马莎女子外语学校（学校）校徽 /1995 年前
广州马莎女子外语学校（下简称马莎）是广州最早的女子贵族学校，
创校校长就叫马莎，是我的好朋友。
最初她和丈夫创办了广州最早的贵族学校——中华英豪学校，学校稳定以后，她再创办马莎。
马莎校长是个很爱教育的人，学校就像是她的家。她曾陪我到马莎，我亲身感受到她对师生之爱，
和师生对她之爱。
这校徽设计得很简洁，用"M"（马莎拼音第一个字母）构成了一个女孩子的头，面部有一个微笑，
绝对的正面，绝对的单纯，非常可爱。
记得过了两年后，马莎校长要我在可爱的女孩子头上扎一个蝴蝶结，我有没有做，忘了。
但这校徽的基础做得好，加上个蝴蝶结也未尝不可。
整个校徽是粉红色。我不想太强烈，温和更符合少女情怀的梦。
像这样单纯的校徽，在我有限的认知里好像并不多见。

中国 4A 学院（学校）标志 /2001 年
中国 4A 学院是基于中国 4A 的知名度在网上举办的一个网络授课项目，和中国 4A 一点关系也没有。
中国 4A 学院诞生于 2012 年，而这个设计早在 2001 年就完成了。
其中的原因是我当时也参加了组建中国 4A。这个标志就是中国 4A 组建初期的候选标志。
当时中国 4A 候选标志只有两个，两个标志都有 50% 的入选机会，
由于那个标志设计得很直观，而这个标志更带有所谓的文化性，结果就入选了。
这从中也透出了广告人的传播观念，不管作品挖掘得多深，表现一定要直接。
标志的主体就是 4 个 A，也像中文字 4 个人。
原本考虑 4A 是以人为本的专业传播机构，
复数的 A 或人是表现组织在中国的遍布，并没有以唯一核心地来考虑。
标志最后为中国 4A 学院所用全为巧合。
当然，其中的理念是共通的，强调这个国际通用名称的中国性是我的坚持。

李阳疯狂英语（培训学校）标志 /2003 年
老友准备和李阳合作，一是为了把疯狂英语的盘子做大，二是为了上市。
第一个就想到找我为其做视觉形象规范。
最初的方案不是这样的，我画了一个中年的李阳，外加他特别的记忆手势，
激情、可信还透出了疯狂，自觉也喜欢。
真正提出方案后，我发现李阳还是喜欢白脸、才俊、更年轻的造型，
表现独特教育方式的手势没有了，剩下的只是一个年轻的头加上潇洒的几笔。
对一个活人做视觉形象只要出现了他的脸，实在不容易处理。
由此我完全理解很多人去拍艺术照时，照片拍出来都是世俗的靓，
和本人相似的程度相差很远，甚至不靠谱。
标志完成后连自己也激动不起来，
标志的感染力可想而知。

四川春溢小学（学校）校徽 /2008 年
这是黑马为四川大地震被毁重建的绵竹春溢小学义务做的校徽。
这校徽凝聚了黑马对灾区人民的爱，也凝聚了为此付出爱心的广告界同人的爱。
校徽做好后，同时也完成了 VI 系统，并完成了几百本 VI 手册送给了重建中的春溢小学。
专业救灾是各专业机构的强项，在重建工作中，充分发挥各自的专业知识和技能，
能促使灾后重建工作更有质量地进行。
校徽上的花是由两颗心组成，一颗代表原校，
一颗代表来自灾区以外各界的爱心，这爱心为灾区重建的学校注入了新的能量，
而这能量也将和灾区学校的发展融为一体。
校徽的结构选用我国大学名校普遍的样式设计，也是希望能鼓励在校师生努力，
让他们有一个追求的目标。

汶川羊城爱心小学（学校）校徽 /2008 年
这是汶川大地震后，由羊城晚报社发起的爱心集结号行动，
在为汶川大地震筹款建学校的同时，
呼吁全广州的平面设计师为这所学校先行设计校徽。
因为没有特别明确的指引，也没有校名的落实，
只是为响应征集活动而做的概念标志。
心和羊就成了可以选定的设计素材，一切也就以此展开了。

名雅幼儿园（学校）园徽 /2001 年
名雅花园是黑马在 2000 年前后在南海做的一个房地产项目，当时的广告代言人请了明星。
记得有一次业主晚会，发展商的老板请明星上台高歌一曲，
那位明星犹豫了一下说道，上台讲话和颁奖是可以的，
要我唱歌就免了吧，我也是两家上市公司的主席。
言下之意，我已经是举足轻重的人物，别难为我了。
当时的楼价每平方米只卖两千多元，还有费用请大明星，
还可以在《广州日报》《羊城晚报》持续做彩色全版广告，当然还有利润，
如今楼价已经突破 2 万元，按理说发展商可以猪笼入水了。谁知？
一个配套的房地产项目，有学校、幼儿园、酒楼、医院，按理说都要做不少标志，
如果按市价的设计收费，这也会是一项很大的支出。
其实广告公司和客户签了月费服务，
接下来就是客户大人们可以很理直气壮地提要求做这做那，
钱却不能再加，活却一定要超额做足。
这标志也属于这类签约主导下的活，活不能太烂，有点特色就可收货。

方圆幼儿园（学校）园徽 /1999 年
方圆地产是广州的大地商，标志是黑马多少年前的作品，
没想到当年还为其幼儿园做了园徽，想来也是个客户要求顺带干的活吧，
因为发现后续也没有任何业务的来往。
事实证明，和大公司、大老板熟悉不一定会有生意，大公司大老板由于业务量大，
通常会授权给职业经理人去运作，只要是熟悉的人脉转移了，关系也就断了。
凭直观判断，这个标志当初作为职业经理人交差的可能性是有的，但采用可能性并不大。
因为标志要作为系统延展有难度，而作为独立标志还欠推敲，
也许这也是当年职业经理人棒杀黑马不让其为方圆地产合作的理由。

广州市少年宫（培训学校）宫徽 /2005 年
用七巧板做宫徽是广州市少年宫关小蕾老师很强烈的愿望，设计只是还原的执行。
七巧板本身和融入少儿教育的说法可以有很多很好的故事，
但就宫徽反映的地方性从图形上是看不出来的，
只能是以先入为主的占位表现和受商标注册保护后唯一性的表达。
中国的少年宫做宫徽的不多，做得好的更少，
当初做宫徽时在全国范围内几乎收集不到像样的宫徽。
时隔这么多年，情况不知有没有改进。
据我了解，广州市少年宫在少儿教育的领域，不仅在广州、广东，甚至在全国都是响当当的。

广州市金丝带特殊儿童家长互助中心（公共机构）标志 /2012 年
我是 2009 年经广州市少年宫常务副主任关小蕾老友介绍认识金丝带机构的，
当时金丝带叫广州市癌症儿童家长会，成员全是义工，成员的孩子大多是癌症或重症的患者，
在孩子病患的折磨下，他们和孩子都有心酸的一面。机构成立是自救，无论在身体或是精神，
也只能是自己团结起来自救。我参与的第一件最有意义的事是为《羊城晚报》
"2009 年度汉字"评选活动画了 10 幅作品，在广州市少年宫为重症儿童的"愿望成真"计划筹款。
至今，我还特别感谢美林湖的副总洪强华，他为这次筹款捐了 20 万元。
整个活动最终获得了将近 30 万元的善款，也是这个机构开办以来最大的一笔款项。
善款后来实现了孩子们的很多愿望，有的得到了姚明签名的篮球，有的实现了当一天的警察、空姐的愿望，
也有的得到了手机和玩具，这好事做得实在，也触动了我们心底的爱心。从那以后，
金丝带就成了我的一个爱心目标，总感恩能做到这么棒的善事是一种幸福。
金丝带的标志在设计时刚好碰到了"光头节"，这也是引进的。一项非常有爱心的活动，
为的是让化疗治病丢了头发的孩子感受到有正常的人也陪他们一起剃光头，
标志以类似光头包上头巾的造型表现。我见证过这一慈善活动，并亲身剃光头参与筹款呼吁，
所以感受颇深。金丝带作为意义上来传播是成立的，但用金色作画面的重要元素不好表现。
你见过哪国国旗有金色？所以，整个金丝带用偏黄的颜色处理，背景用红色托起。
在网络上，这感觉还行。

广州市老人院（公共机构）院徽 /1987 年
不太有印象是哪里安排的设计任务，大约是工商系统某领导指派的义务工作吧。
是一个很有概念元素组合的标志，双手捧着一颗赤诚的红心，大约包含有奉献的基本概念。
用手捧着什么向上举起，这是一个在标志设计中的标准动作。
如此动作在中国的标志设计中几乎有举之不尽的例子。
举枪杆子、笔杆子、原子能、毛选、书本、概念、成果等，区别的只有形式表现的差异。
这颗心和举着的双手形成的放射线，居中向上开放着，
也可以看成是护心，心热力的扩展，结构还紧凑。

广州市人事局引进国外智力办公室（公共机构）标志 /1988 年前
那是一个字母、鸟、运动线条元素常用作图形设计的年代，
外图形是一个 G，表示广州。内图形有两只鸽子并排飞进来，一白一黑。
黑白鸽子重叠处以运动线来表现速度和数量，
整个标志的概念也有筑巢引凤、百鸟归巢的寓意。

中国鼾症专业治疗研究会(公共机构)标志/2005年
为了让商品更有权威感,在商品研发阶段都会找一两个权威机构作背书,
并在包装和广告上以标志的形式亮出来,有的经销商和消费者还都买账。
这些权威机构很多只有名字,未必有标志图形,这功夫就留给设计机构去做了。
在从事广告和设计的经历中,我应该做了不少这类标志,
至于有没有影响和影响有多大,这当然要看传播的力度。

亚洲KOSTEC护肤品研究中心(公共机构)标志/2005年
这类标志可创作的空间也不大,基本是一个火印的图形加上英文,中间是一个象征性的图像,
这标志中间的图像是A和人面的结合,有亚洲和人面美容的概念。

广州教师咽喉健康基金会(公共机构)标志/2002年
在做保健品类包装时,为了加强消费者对保健品的信心,
厂家都会在包装上标上几个有关权威机构认证的标识符。其实有些机构根本就没有标志,
或标志并不好看,于是这工作就落到设计师身上。这些认证标志有多大作用,需要调研取证,
但有和没有好像在认同上的依据是不同的。保健品不同于药品,功效有很大的心理暗示,
所以在商品品质保证以外,包装和广告也就成了保健品的重要组成部分。
对于长年设计保健品包装的人,其实也是保健品制造的行家里手,那道行应该超越了纯设计师。
至于缩小后的图形基本设计原则,他当然应该掌握好。

2008 年北京奥运会标志（设计案）/2002 年
提倡创作机构参与社会公益类竞赛活动，
这样的集体创作活动往往在短时间内能调动起创作人的专业热情，
而且这样的目标性很强，也很单纯，比赛不分职务高低，
干起来痛快，对于哪一层的设计师来讲都是一个锻炼和提升的机会。
当然这里刊出的全是落选的作品。但留下来就是我们的一份记忆，
也可看到国家级比赛，以中国元素为方向的设计其实空间还是有限的，
还真没看出一个明确的方向。

火烧长城（设计案）标志
这是中国"烽火戏诸侯"的典故，外国人并不能读懂。
以火烧长城的概念来表现，很难让全世界的人了解其中的内涵。
冷静地细想，这表现在国内的传播都很勉强；对外，应该不行。

飞龙在天（设计案）标志
以龙作为中国举办奥运会的标志很有强加于人又并不美的感觉。
龙在中国人的心中是很神圣的，但这龙的现实形态在世人眼中又很邪恶，
怎么样的变形都像一只怪兽。
以这作为标志而让中国文化背景以外的人都能接受，恐怕是件很难的事情。
印象中就没有看过以龙作为国际活动做得不错的标志，
这道龙门，算是很难开启了。

红色五星（设计案）标志
当代中国的国旗是红底金星，但在世人的印象中能代表中国的都是红星。
无论是金星还是红星，本质上就是五角星，但五角星的形态并非中国特有，
这才是根本的视觉记忆的盲点。不是特有的记忆当然不可能形成特有的符号，
不能形成符号，这标志的力量也就不复存在。
美国、越南等，这些国家形象上也有星星啊！
世界上，并没有人把中国的形象归入星星的记忆行列，这是要命的。
所以，星星用在中国国家形象上有异议，没法用。

中国书法（设计案）标志
中国书法在世界上当然有唯一性，
作为国家形象的图案做推广行不行真不好说，作为尝试当然也未尝不可，
"中"字的标志也就是基于这一点作设计的。
以文字元素作标志设计其实非常普遍，英文世界有太多的例子，
在中东国家也常出现，基于有区域特色的文字，
世人可以不明白文字中的含义，但非典型性会很鲜明。
这是个还在探索之中的课题，结论应该还没形成。

火烧龙珠（设计案）标志
龙珠也算是中国元素。
但对中国的代表性不强，在整个东南亚区域都可以代入，
而且中国从古到今的推广物上并没有特别表明。
此表现在国内针对某种活动估计还可以，对外宣传显得较为中性，
唯一的特指性不强，不用也罢。

中国面谱（设计案）标志
用烽火长城加中文加面谱组成的标志，其实是中国元素杂件组合。
设计之时恰逢丹麦平面设计大师阿卜（音）到访，
他特别喜欢，并兴奋地告诉我，这标志比申奥的太极标志要好。
当然，这是他说的。
后来中国奥运选用了中国印其实也是用了中国物件，构想是一样的，只是物料不同。
是不是由此得出结论，未来中国的国际活动标志可考虑用中国物件作设计，
这当然也是一种思路。据说这在日本已达成共识，但凡在日本举办的国际赛事，
如果没设计出特别好的标志，其选用的标志一定要以圆形图案作为设计的基本图案，
因为圆形就是日本国旗的图案。
这为日本的国家形象带来了很大的视觉卖点，无论设计，无论推广。

2010 年广州亚运会标志（设计案）/2002 年
广州亚运会期间我担任了亚运会开闭幕式专家组成员，
视觉和景观设计专家组成员，
品牌设计组主任，这职务之多和高应是史无前例了。
奇怪，这位居重职的人居然还不是两会代表。哈哈，开玩笑了。
在亚运会标志的选定上开始我也是评委，
后来进入前 30 强，因为有黑马的作品入选，
我被"踢"了出来。

广州叫羊城，用羊大约就是主攻方向。
黑马提交的 6 个标志，
有 4 个半是用羊头的。
看到最终中选的五羊标志，这方向应该没错。
用羊，用五羊就是个大方向，至于用羊头还是用五羊要看设计的表现，
要看领导的决定，在这方面设计师以提供方向对的作品和出色的设计就足够了。
麦穗的设计是一个更为内涵的设计，表现的是 5 位仙人骑着口叼麦穗的 5 只羊的神话传说，
但这一传说一定是了解传说的人才可能有感觉的。
标志并不是隐藏内涵故事的密电码，需要解读的标志不可能是个好标志。
单纯、直白的标志才易于传播，
而且这种像小朋友随手画出来的形式，在亚洲并不容易得到认同，
如果换到西班牙又另当别论了。

亚运会的标志用"A"作主要图形很危险，
因为难以体现主办国的特色，从组委会到主办国的立场来看都不容易通过。
所以这类标志应该不是方向。
除非利用"A"字做些主办国符号的融合，
这倒还有可能出彩。
广州亚运会标志最后的选定是用五羊标志，
从特色和广州城市推广来讲方向是对的。
后来亚运火炬传递标志选中了黑马设计的羊仔造型，
也是基于这一理念，效果也是显而易见的。
反而我认为亚残会用了西关满洲窗的设计很是牵强，
但这已成了定局，成了历史，
评说已经没有了意义。

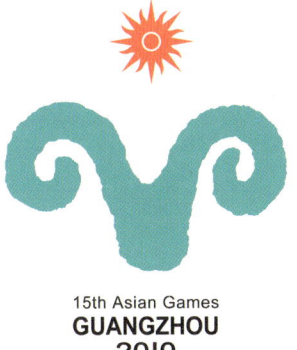

15th Asian Games
GUANGZHOU
2010

15 th Asian Games
GUANG ZHOU
2010

15 th Asian Games
GUANG ZHOU
2010

15 th Asian Games
GUANG ZHOU
2010

15th Asian Games
GUANGZHOU
2010

15th Asian Games
GUANGZHOU
2010

中超联赛标志（设计稿）/2002 年
为什么为中超联赛投了这么多稿，是特邀设计？是奖金够多？
还是那会儿黑马活不多，让更多设计师练手？
十多年前的事如今已记不清楚了。
就当是以上任何一条的原因，也是可以进行的。
大画家李可染为了证实绘画的精品是源于多次反复创作的结果，
以"废纸三千"作为不断地尝试的说法。
想来标志设计更是如此，
三千的量是夸张了，但总不可能一蹴而就。
标志设计就是从不同的角度多方投入然后达至最后的结果，
这过程每次都是新的，不可能有重复的路，
比起一张画稿多次的重复要难太多了，
但这些努力外人并不知晓，
你说这设计的活多磨人。

龙球合体
此方案一共 4 个。由于标志是在国内应用，所以用龙形还是可以接受。
龙球合体，阴阳双交的力量感会强，
龙球分离，各为一体的会弱，太过强调龙头的其表现会很滑稽。

火球一体
在构想上没有新意，需要在表现上有很大的突破。
这突破只能是表现上的突破，在概念上很难有更多内涵的挖掘。

群星对阵

这样的设计，本质上就是以国家、球星作为背书设计，
问题是要能设计出新意，设计出特色而又易于记忆和传播，这点并不容易。
太熟悉的形象要出新，总是不易。

广东省公关精英金奖赛（竞赛）标志 /1988 年
中国的选秀大赛应该诞生在二十世纪八十年代末的广州，组织者大都想学香港的选美大赛，
这样更能吸引眼球，电视播出能吸引更多的广告客户投入广告。
印象最深的是公关先生由广州美术学院当年还是意气风发的年轻教师李公明夺得，
多少年以后他已是中国美术界、广州时政圈著名的批评家，而当时我已担任了评委工作。
大奖是通过对参赛者口才、仪表、技能、策划的考核，以逐级淘汰的比赛选拔方法，
评选出广东的公关小姐及公关先生。
整个标志以装饰性的立体"G"字为主体形象。公共关系是自改革开放以来的新领域。
公关每天都要进行着最具体的工作，而公关的定义却是五花八门。公关不是特定的一个企业、
机构和产品，也不是特定的一种服务和活动项目；它涉及的范围、影响的层次可以说无所不在，
这也正是这个标志设计的难点。当然，我努力地寻找有关说明公关定义的字眼，
如公关是"一门研究如何建立信誉，从而使事业获得成功的学问"等等。用其中有说服力的字眼，
如沟通、内外部公众、传达树立等，转化成设计元素加以组合。

广州杰出青年评选活动（竞赛）标志 /1988 年
这是当年广州团市委创立的活动，后来的省长朱小丹就是当年的团市委书记。
那年我 34 岁，也参加了当年首届的评选，我属于文艺类别的，
竞争到后来也得到了提名，但最终与十杰擦肩而过，没选上。
标志以蓬勃向上的小树苗和红太阳构成。小树苗以"青年"英文第一字母"Y"，
表示与青年有关的主题。小树苗也是中文"羊"字的变体，表现活动的所在地广州。
整个小树苗犹如羊的形象，表现羊城（广州）青年向上求进。
渐变的绿色代表杰出青年是在青年群体中层层推荐出来的。
红太阳代表青年犹如太阳般以火热之情服务社会，同时象征青年的成长离不开党的阳光。

广州市广告设计画眉奖（竞赛）标志 /1986 年
这是由广州市工商行政管理局首次举办的广告、商标设计大奖赛，
展览的地点是广州市文化公园第 1 馆，我负责了整个展览的策划和视觉设计。
画眉是广州的市鸟，此鸟善唱，浑身漆黑，眼眉毛处有一长条白眉毛。
广州的奖多是以红棉、羊仔为记，用画眉的并不多见。
因这比赛是有关设计类的，所以我极力推荐这画眉作为标志，
也想可以有一个特别的记号能一届一届地延续下去。
事实证明，在中国能把大赛做到连续三届的并不多，能做到十届的无疑已经是个品牌了。
而这个"画眉奖"，就只做了一次，尽管当时还很轰动。
记得当时，我也向日本方面征来了很多商业海报，我们香港的设计师靳埭强、陈幼坚也送来了不少作品。
因为展览除了展出本地获奖作品，也展出了境外的优秀作品，
当时能看到这些印刷品的原件已经相当可贵了。
标志以画眉鸟的头为元素，以设计感较强的手法使标志处于设计进行中的状态，
用以表现设计的思考、开拓性，也有别于一般设计普遍完整的常规性商业性。

西关小姐评选（竞赛）标志 /2003 年
西关是广州的一个老城区，西关小姐是旧时代对西关富小姐的尊称，
现在这称呼过时了，大约只是在广州老华侨心中的一个记忆，只是个旗袍靓女的回忆。
标志大约是用中文"西"字，把笔画作女子的修饰，
以概念上的西字去套西关，并不是本质上的西关小姐内涵。

"穿在广州"时装大赛标志（竞赛）/2001 年
这是专门为黑马当时服务的一个高档商厦活动做的一个标志。
商厦叫世贸中心，在广州花园酒店对面。商厦专门在服装专区开辟了一处时装表演，
目的是通过活动把商场搞旺，也希望通过搞旺商场能卖更多的衣服。
用中文字做标志一直以来是我的情结，定了方向后，就希望把"穿"字作为图形来作表现。
"穿"字应该像是个人穿了件时装，但在形态上它应该更像一个图形而不是一个字。
专注的设计师在思考项目时，肯定不是局限在办公室内思考的，接到项目后，
那整段时间都应该是无时无刻不在思考。那天的思考是回到了家中，无意站在阳台上，
看着栏杆边生长的三角梅，于是，这图形的叶子就呼之欲出了。
穿、叶子、时装，可能原来的关系并不直接，现在串了起来也是设计师在拆藤，
至于会不会有另 N 种搭配，其回答当然是肯定的。标志的陌生感和特别的面目，
都需要设计师不一样的思考，能看出这标志的实验性是存在的。

中国香烟包装设计大奖赛（竞赛）标志 /1987 年
一个以香烟、笔、包装构成"中"字的标志。
"中"字是大赛的高度，香烟包装是大赛的主题，设计是大赛的性质。"中"字左上的缺口，
可以看成是突破。设计是为了选拔优胜者，寻求创作的突破。

天府之国电视时装大奖赛（竞赛）标志 /1996 年前
我一直和广州的时装界有联系，这标志大约也是当时广州的服装设计师庄寿朋牵的线，
把远在四川的活动策划者拉到了广州做形象。现在看来，当初中国的设计真是处于起步阶段，
夸张的人形表现了时装大奖赛的表演性，人形呈现是如鸟般欲飞的姿态，
实际上暗藏了一个中文的"天"字。
直白而有内涵，熟悉而又陌生，简洁且包容量丰富，正是标志设计的难点。
这标志算是一种尝试。

穗深港澳儿童夏令营（活动）标志 /1988 年
以儿童玩物小风车作为标志的主体形象，体现了此次活动是为儿童举办的特性。
小风车也是祈福平安之物，体现了主办机构和家长们对此项活动的祝福。
四瓣犹如风帆的小风车风叶，寓意来自广州、深圳、香港、澳门四地的小朋友生活在同一条江、
同一片海紧密相邻的手足之情。
小风车中间的圆点，既体现四地儿童的团结精神，又形象地显示了一个小太阳的圆形，
使人感受到每一位参加夏令营的儿童，就像一个个会发光发热的小太阳。

穗港澳青年联欢节（活动）标志 /1985 年
这是 1985 年广州青年中最有影响的大事，这记录已经写入了广州的档案史，
如何平等地表现这三地是标志的重点，在这基础上再把青年特性和欢乐作演绎，
把能作记忆传播的短句标出，标志也就完整了。
标志中三个犹如绿色嫩芽并列的"Y"字，代表着三地青年。
三个"Y"字上面的三条红带（环）表示喜庆、起舞的欢乐。
三个红环的紧密相连，表示友情、团结。
标志下方两杆和时间、地区字头英文，全为深蓝色，寓意海洋，表示三地青年的亲密联系。
整体构思是，三地青年团结、喜庆、勃勃朝气。

1987 年穗港澳妇女联欢节（活动）标志 /1987 年
标志主体是一只盛满鲜花的花篮，花篮由 3 个"W"编织而成。
"W"则是妇女英文 women 的首字母。
3 个"W"，代表着三地妇女的联谊，9 朵绽放的鲜花寓意长久的友谊，
标志以绚丽的色彩构成热烈的图形。
对于活动性的标志和吉祥物，我以为最好能做成便于口头述诉传播的物体，
如小熊、花篮、印章等。
由于活动性标志影响的是大众，
太着意于设计感强而意义隐晦的图案不容易得到普遍的理解和传播，
因而也影响了活动的推动力。

第二届全国广告商业摄影大赛（竞赛）主题语 /2000 年
我曾任第一、二届全国广告商业摄影大赛的评委，记得在第二届还任了评审主席。
那年的评审、颁奖和展览都在广州的沙面，印象很深。
吕群是首届全场大奖的获得者，他那作品，我是极力举荐，其实当时还不认识他。
在第二届时他已经是评委了，这世界靠作品说话，公平。
"拍亮中国"是那届的主题语，也想作为大赛的主题一直沿用下去，
所以也特意对主题语做了设计。
想得挺美，但只是用了一届。
我想当年主办单位真是能把这主题一直沿用下来，
说不定大赛的影响力也就有个说法给累积了。
好东西出来不易，能持续更难，过后想起要愧悔，那已经是"黄花菜"了。
这一切当然又是友情策划，这辈子做专业义工不少了。

广州亚运会火炬传递活动标志（活动）/2010 年
这是亚运会的二级标志，一级标志是会徽。黑马参加了会徽的创作，我也是评审委员，
当进入前 30 名角逐时，由于有黑马设计的会徽进入，我被"撑"了出来。至此之后，
亚运会的会徽及多个二级标志我也就没全力介入。
这个标志是广州亚运会最后一个要征集的标志，我也有想搏一搏的心态，
希望在这人生只能在广州碰到的一次盛会留下点什么，于是辞去了这标志的评审职务，
改作投标定向机构的身份。评审这个标志的都是我同辈的设计师和老师，
记得有王粤飞、王建平、黎大伟和广州市文化局的一个设计专家。我带领着黑马亚运小组提案，
那场面如今想来很别扭。
听说初评时黑马送上的四个标志有两个中了，至于用哪个还不能由专家定，
一切要专家把几个入选的标志作排序并写好说明，然后上呈，最后请领导拍板定。
这标志从初稿到定稿基本上就是一个模样，用一个跑动中小羊的侧面阴影作造型。
唯一作了改变的是原来的小山羊是有山羊胡的，但胡子挂在小羊上很是滑稽，提案之前给取消了。
至于没有五官的表现开始亚运会也不能接受，做过了很多次调整后，看来不加美感更强。
我不太明白小羊拿的火炬。真正的亚运火炬是不同的，这不同倒是一直没有人提出来。
标志上的字体"Guangzhou2010"和会徽上的字体是一样的，不管你喜不喜欢，
之前在会徽已经定了的元素在这里是不可能改变的。这也是我的遗憾！
看着这标志在北京国家主席胡锦涛点火的背板及一路而来的火炬传递上出现，
才真正感觉到这标志的重要性。
设计师能做到这种国家级的设计，哪怕只有半年辉煌，非常难得了。
相信黑马所有参加这个项目的设计师会有终生的集体回忆。

中国广告金像奖（活动）标志/2012 年
办协会一定要搞活动，搞活动才能聚人气和造影响。
广州市广告行业协会（以下简称广州广协）办了 6 年，活动没有少搞，
奖项方面的比赛全部归到下属的分会去办。
广州 4A 一直开办年轻广告人创意竞赛，广州 TVC 也开办了几年的金镜头奖，
但作为协会最大的奖还没办起来。
金培武秘书长对此很在意，一直在呼吁广州广协一定要办一个最大的广告奖项。
金像奖的提法很中性，也很典型，如果要重新提一个另类的奖，考虑到宣传成本，不一定能支持，
所以，这名称很快就定下来了。
但对于提到地域的划定，比如说是中国还是广州的金像奖，众说纷纭。
针对广州在广告业近年边缘化的现象，喜马拉雅广告老总赵辉力主以"中国广告金像奖"命名，
理由是希望能造出高度，无论对参赛者还是赞助商都是个吸引，
能不能做到中国这是个方向，提不提中国这是个高度。
在这个假、大、空泛滥和不自信的时代，这提法自然有其存在的意义。于是，我也举手赞成。
标志是用中文的笔画散件塑造了一个汉人，其实这个中国人双手拿起的是一个标准的"一"字。
也尝试过这人的标志用现代的人做，但结果一点代表性也没有，
不像中国人也不像外国人，没有任何的符号感。
表现中国的标志不用龙，不用长城而用人来表现也算是突破，
如果看到标志延伸到江北的设计，那立体的感觉更有经典的代表性。

汶川设计救助站（公益活动）站徽 /2008 年
爱心集结号的骨干到救灾一线看望余静赣组织的设计救助站时，
余静赣提出能否为设计救助站做一个站徽，我一口就答应了。
设计救助站是由余静赣在灾区一线办的建设装修培训班的学员有计划组成的机构，
每个站有 4 至 8 人，分别落到了灾区的各个角落，
吃住全在一块，每天为灾民做大量的灾后重建房子的设计。
他们基本上是来自全国各地的学生。
义务设计，没有太多的资金支援，他们生活和工作都相当艰苦。
标志延续了爱心集结号的心形，用放射的光芒线构成了一个大大的心。
心形里面是一座基本的房子构架，以一个房顶和连接地面的墙构成。
由于考虑到要用最简单、最低的成本实施标志，所以在设计时只用单色，
也是考虑到标志的传播性要很强，在村庄里要很远都能看见，要非常醒目，
所以选用了红色，这红色和爱心、和热血、和爱心集结号的标志主色是一致的，
使其具有相当的关联效果。

爱心集结号（公益活动）标志 /2008 年
这是因汶川大地震引发的一次由羊城晚报社召集的爱心集结活动标志。
这次活动的集结是在广州的跨界设计圈中，
骨干有陈心宇、赵健、刘朝霞、余静赣、林学明、
冼剑雄、庞伟、邵凌、大盛、冯原和我等，
历史的定格是当时广州设计界筹到了 60 万元要捐给汶川灾区，
希望建一座有广州设计界作后盾支援的小学。
此事由于慈善机构的管理原因，后来没了下文。
但当时举办的救灾论坛、设计教学和各类活动还是起到了非常正面的作用。
广州广告界也因这次爱心集结，在赈灾筹款的宣传和捐款上走在了全国同行的最前列。
爱心集结号的骨干，在地震后还组织了一趟到灾区绵阳的考察，
回来后黑马还为绵竹的一所小学做了一套 VI。
余静赣更拿出了自己三年的时间，为灾区的重建做出了并非常人所能做的贡献。
爱心集结号作为中国灾难期间自发组建的民间组织，已经成为广州设计界的集体回忆。

社区爱心（活动）标志 /2013 年
这是《羊城晚报》进入社区发动的邻里信任活动的标志。
网络的兴起和纸媒的衰落，迫使纸媒做更多能接地气的工作，
订报"洗楼"和深入社区贴近读者搞活动都是有效的沟通。
这活动是所有这类活动中的一项，
标志强调的是小区邻里、报社和读者贴心的温暖，用红色丝带，用心作元素，
构成一组跳动的群心。

透视 70'S（活动）标志 /2002 年
这是配合《城市画报》改版推出的活动，定位是二十世纪七十年代出生的人，口号是"新生活的引领者"。
直白的图标是对焦的十字线，最大对比处是"70'S"。也是配合杂志新标志的发布，
整个活动标志做了倾斜的处理。
由于是副标，在色彩的处理上用了混色，不让其抢去正标的光芒。

世贸新天地"约会新生活"（促销活动）形象 /2002 年
世贸新天地是广州世贸的一个商场，商场每季都要搞一些促销活动，
而这个标志就是为配合活动而设计的。记忆中活动真正的标志还不是这个，
但由于正标志受文字内容的限制，其醒目和记忆度都欠缺，这个手绘的美女拎袋造型反而印象深刻。
记得当年活动时，这个形象挂在门口扩展在很大的布上，有几层楼高，不是标志，倒成了标志物了。

世贸新天地"约会新生活"（促销活动）形象 /2002 年
同属世贸新天地的活动形象，因为购物有奖，最高奖是辆轿车，
所以也画了一个时尚女郎，高举一辆车做形象。
优惠促销是任何商家必定要进行的阶段性商业活动，平民化的商场要来得直接些，
有身份的商场只能含蓄。在这两者之间的商场，又想大声吆喝，又要让人感觉斯文，这就需要有度，
需要有形象，设计在其中就有其作用了。有人以为中国消费市场是两极分化，
只有最高和最低，没有中间阶层。我倒觉得这判断可能偏执。
在推广行为和包装上，我们当然看到最高端，反而很难见到最低端的。
大多数反而是伪高端和准中档的东西。伪高端的不用说了，过度包装就是要把中档货拼命拉高。
准中档其实是中国市场目前量最大、性价比最高的货，这种货在中国的接受度最强，
但这绝不能说成是低端。如何在包装和推广中研究准中档的东西，倒应该成为我们重要的课题。
这两个形象，大约有这个气味。

《羊城晚报》社区活动（活动）标志 /2005 年

做媒体推广，有大量的活动要做，而每次推广除了要打上媒介的名外，
还要打上配合主题活动的标志。在为羊城晚报服务的日子里，每遇到一个活动，都要做一个标志，
这量还真不少。一棵树，有日星，有人，有鸟，有欢乐，这也算是个和谐的社区吧。对于设计师来说，
做活动性的标志其自由度会大很多。你有多大的热情和想象空间，有平台尽可能发挥。
就设计而言，会给设计师很大的满足感。

绿色货运项目（活动）标志 /2012 年

美国银行有一笔款给了广东省交通厅，要求进行一项绿色货运的环保活动。
设计活动的标志也有预算，是 2 万美金，有上限，不能多。
美国早已进行了这项活动，标志是一片叶子，叶脉就是公路上的分车道线。
其实我以为全世界很多相同的设施和活动都可使用同样的标志，
这对于民众在认知上的记忆要简单得多。比如地铁，如果全世界只用同一种标志，识别会简单很多。
但这只是我的想法，放到具体项目上，各个菩萨都希望建一座庙，设计师因而又有工作可做了。
美国的活动用了叶子，广东的活动再用叶子也难以在认知上超越，所以在设计的方向上叶子的概念、
颜色也还有痕迹，但主体元素用了一辆货车。货车的种类很多，有长有短，
我们采用了一辆有代表性的中型货车，把字母套上，把叶子当成飘出的尾气，加上蓝天白云。
我一直很顾忌与官方合作，怕其超越专业的强势，但这次合作还好，
因为这里面也有一个国际形象对话的现实。虽然我很怕官方的所谓集体评议，
但决策领导对专业的尊重和客观，使设计进行得还很顺利。

爱世克私牌运动鞋杭州马拉松（活动）标志 /2004 年

这是一个国际品牌在中国杭州的落地活动，当年黑马负责了它在中国的推广设计。
因为活动要做大量的物料，有宣传板、指示牌、纪念品，
如果整个宣传只是出现品牌的商标就显得太商业，也很单调，
于是，设计了一组跑步的动态，和当地标志性的建筑六和塔结合起来，
让活动的内容、地点视觉化，以渗透式的传播手法与受众作有效的沟通。

校园先锋（活动）标志 /2006 年
一个有团中央背景的大学校园活动推广机构。团徽是不能直接套用的，
但标志用了团徽的一些主要元素做设计，比如一颗五角星，红黄两色。
单纯用五角星做标志很有难度，一要创出新形象不易，这元素恐怕已经做烂了；
二要注册很难，相信相似的形象已被注册无数。
标志的红五星表现着正能量，黄色的纸飞机表现着符合年轻人的传播途径和方式。
两者形象叠加传播出的信息是：你可信任的正能量传播机构。
这是从传播的受众学生，和批准在校园做传播活动的组织机构管理人员的定位设计的。
有通常的商业思考，也有体制内的政治思考，成果令人满意。

《羊城晚报》手抄报（活动）标志 /2005 年
制作小读者手抄报是《羊城晚报》从小培养读者的特色活动，活动时我曾到过现场，
小读者参与的热情实在是无法用笔墨来描写。小读者们以广州为主，
也有相当部分来自珠江三角洲，他们自创自编自己的羊城晚报，主题非常广泛和新鲜。
很多小读者都是学校品学兼优的孩子，他们长大了都忘不了这段可贵的人生经历。
清晰的主题是为了在物料上（T恤、背景板、场地易拉宝）、媒介上打眼。
有感觉的字体也是贴合了小读者旺盛冲劲的特性。

《羊城晚报》50 周年纪念（活动）标志 /2006 年
中国人认同 5 年一小庆、10 年一大庆。新中国成立的机构，很多已走过了 50 年，
有谁能把全国知名机构 50 年庆的标志作收集，相信会很有意思。
基本上 50 年庆的标志都是大同小异，大大的 "50" 是一定有的，
但 "50" 的数字在设计上不会因此有特别的惊喜。
而且标志只是在自己举办的活动中展示，和其他的 "50" 并不会撞形，所以设计的难度还是有限。
当然，如果举办活动的机构的标志与 "5" 或 "0" 有某些形的类似就好了，
这样的融合在形象上就会有新的说辞。比如这个标志，"0" 的表现就是《羊城晚报》的社徽。

羊城（峰会）标志 /2005 年
在网络经济起势的前夜，纸媒也曾有过一段最后的辉煌。
大约在那段时间，黑马也专门为《羊城晚报》服务了两年，
这两年为《羊城晚报》的推广做了不少工作，
虽然我们改变不了纸媒下滑的大势，但我们见证参与了历史的进程。
羊城峰会是《羊城晚报》发起的一个世界性华文论坛。
以全球、龙头的概念作标志，
是从国际性的角度提升论坛的高度，
特别的龙头设计是表现会议的个性，
而单纯的圆形和蓝色只是配合，只有相互配合才能产生符号感。

《羊城晚报》系列推广（活动）标志 /2004 年
纸媒在进入 2000 年时其竞争已经白热化，以前是纸媒与其他传统传媒的竞争，
那时是纸媒之间的竞争，后来是以纸媒与电子传媒为代表的新媒体竞争。在纸媒之间竞争的年代，
纸媒这盘生意是上升和最大的，如若在纸媒里能做了老大，其占有率和杀伤力也是最大的，
于是有关老大位置的竞争就激烈起来。
媒介宣传、活动推广还算文明了，"洗楼"争夺订报那才叫残酷。
所谓的"洗楼"，就是一幢幢楼、一户户人家去拍门请求订报纸。在我记忆中，
《羊城晚报》这年的推广算是很有计划和持续了最长的时间，
从当年 8 月的奥运开始，每个月都做一个主题进行推广，一直连续做了半年。
每个月都有一个主题，每个月都有一个活动。多勤快啊！

广东省商品广告摄影作品展览（展览）标志 /1986 年
做一个展览，设计一个标志，是我在二十世纪八十年代干得最多的活。
应该是精力过剩，也想做成更多的作品，这全和金钱无关。
这展览是广东省商业摄影师研究会促成的第一个展览，
也应该是当时全国同行业中最大的商业摄影展览。记得当时还有评奖，还出了作品集。
展览的布置和发出的请柬都还讲究也感觉有系列性，这在当时已属前卫了。
对了，整个视觉部分是我义务参与的，那些哥们儿要我出卖设计，并不给钱。
展览的性质是组织广东省内专业、业余商业摄影工作者所拍摄、制作的商业摄影作品进行比赛和展览。
标志以三个"G"字构成。三个"G"字分别代表了三个主办单位：广州市广告公司、广东省广告公司、
中国摄影家协会广东分会。三个"G"的聚中组合，构成相机对焦的十字中线，
以表现展览的摄影特性和合力举办之意。三个"G"组成一片美丽的叶子，
其意是传达展览会的主题是展出关于美的广告摄影作品。

广州环境装饰设计学会首届作品展（展览）标志 /1990 年
标志的图案突出的是"1"的元素，第一、第一次的含义。
因为涉及工程设计，标志刻意放上了三角尺、半圆尺等量度工具。
主体的"1"字也可视作笔，有设计、规划的概念，并且把它做成立体状，
也是想与平面设计做一个区分。
整个标志也像一座建筑，这也是紧扣环境装饰作品的属性。
展览的内容和地址我如今已全无记忆。
倒是记得，当时有位做装修的老板半路入会，说是肯贡献资金，
要我们一定要把学会搞好。后来，他也当了副会长，干了什么全没印象。
这学会至那年以后，也就再听不到声音了。

"绿化广东"作品展览（展览）标志 / 约 1990 年
一个关于植树绿化广东的美术、摄影作品展览。从我的设计作品中能看出，
如今我的画字其实在我从事的设计生涯中早有涉及。
这是一个以绿化广东为概念的标志符号，整个标志就像一块大地，此地以"粤"字作为分割，
也可以视作为广东大地。地中有四片叶子，也是绿化南粤大地的指引。
整个标志都是绿色，最上端的图形象征着阳光，红彤彤的温暖。

广州国际广告展（展览）展徽 /1998 年
中国的广告展创意广告只是朵花，更实际的是展销广告相关的设备与耗材。
也因为这些厂家能出得起钱，也希望通过这类展览平台去做影响接订单，
所以一年一度这类广告展相当地旺。
广州和广东广告展分别由不同的承办商在办，如果遇到展期相撞那就非常麻烦。
所以，他们也会从商业的客源考虑，尽量不要对冲。
明明是商业运作，但又要装扮成很有文化，就是这类展的特性。
用眼睛的概念是承办商的要求，a 是广告单词的首字母。
承办商在办了几届后要求做一个 logo，也说明承办商重销售多于重品牌的实质。
随着承办商主持人的离去，我已和这展览没有关系了，
这一切有如生命的过程，见证了，过去了，
日后这展览也就成了都市中无数个商业展览中的一个，仅此而已。

家用电器项

卫浴
家电

神州牌爱神热水器（卫浴）商标 /1992 年
神州牌是中国大陆最早创立的燃气热水器品牌，
在热水器竞争日趋激烈之时为进一步维持及拓展神州牌热水器的市场占有率，
特别构想出"爱神"的新牌号，并配合新研发的"6.5 升自动热水器"新产品同时面世。
这里寓意产品特性与众不同，至尊至贵，地位高人一等。爱神（丘比特），是爱情的播种者。
传说凡被他的金箭射中的就会在心中产生爱情，
品名赋予产品一个美好的生命，给消费者一个美好的联想，
特别在使用（洗澡）时，爱神热水器的出水量特别大，当温暖水流喷洒全身之时，
更有被万支金箭射中的幸福快感！爱神是神州牌热水器的系列产品，
爱神的品名能给消费者以直观的联想。中国也称为神州，爱神也可以理解为爱中国，
与神州的广告语"我说最好是神州"相符合。
1992 年的中国市场，正是强化品牌的开始，神州热水器做此尝试，也是一种进步。
设计采用粗宋的中文字体，再加上一双翅膀。
粗宋体可持续性强，端庄，象征安全、可靠。翅膀的构想源于丘比特，可爱、亲善而富于现代感。

万家乐燃气具（卫浴）商标 /1991 年
中国最早的两个燃气具品牌都在顺德诞生，神州在先，万家乐续后。
在万家乐成立之初，我就进入做推广了。记得当时有篇很有影响的广告软文，叫"中国出了个万家乐"，
由于请了香港艺员汪明荃做代言，红极一时。
这商标并不是黑马做的，当时整个商标是阳文，分了三段，颜色又蓝又绿的，非常难看，
我只是作了个提议，把阳文改成阴文，用一个红色全盘托起，这感觉马上变了，而且一直沿用到现在。

安田燃气具（卫浴）商标 /1993 年
"A"是安田的第一个字母。从产品的关联性来讲，这是一个不错的商标。
整个商标为绿色，中间的小三角形为红色，红色代表着稳定的火苗，火苗下面托起的形就像一个炉头。
这是中山的一家企业，也是看到了当时我们成功地服务了神州、万家乐这两家全国知名品牌，受到了鼓舞。
后来，在中山崛起的是华帝，可见三分天下了。

索华空调（家电）商标 /1992 年
这辈子做空调的广告不多，但当年做的那些品牌全部是中国响当当的。
最早是做华宝空调，黑马是做它成长最盛的前夜。
接着是做科龙空调，是做从容声出来创建的那一段，也是科龙创建品牌差不多最早的那一段。
华宝、科龙空调都是顺德的品牌，在做过这两个品牌后，
华宝的厂长黎钢因企业和地方政府的问题离开了华宝，在中山创建一个新的品牌。
最初索华的名字叫卓越，他们一边建厂，黑马一边做品牌视觉形象，
等到厂的创建基本完成了，品牌视觉部分也完成了。
在此之前，我多次要求厂方把商标拿去注册，他们也同意了，但全部工作落实后，
决定生产的前夜，厂方突然通知我，商标之前并没有注册，
拿去注册时发现"卓越"这两个字已经不被受理了。
我听到后，即时感觉晴天霹雳，这低级的错误怎么会在这么大的项目中出现，
几个月的设计工作全打水漂了，又得从头来过。
天啊！
索华的改名只在我和黎钢两人中进行，大约只用了半小时，这过程神奇吧。
重新命名时我要求中文一定要有"华宝"其中一个字或意思，要给人以华宝的暗示，
因为当时的华宝空调是老大，而索华的高层全是从华宝过来的，这暗示也许对经销商有意义。
英文我希望有"索尼"的联想，索尼也是日本电器在中国的老大。
这调子定下来，索华/SOVA 也就呼之而出了。
至于后来江湖传闻黎钢命名的"索华"是索取华宝的意思纯属胡扯，这联想当初真没想过。
索华空调起步很好，发展也不错，可惜是命不好，还没长大就遇到了金融风暴，
刚好它大部分资本是来自新加坡，新加坡方资金滑坡，
要抽索华的资金止血，一夜之间就把它给拖死了。
记得索华破产清算还债时，来函通知欠了黑马的钱要报名排队索还，
我说算了，是自己亲手带的孩子，既然不能成活，也别落井下石。
黎钢、翁厂、卢厂，一个个熟悉的朋友，如今还想着他们。

夏朗空调（家电）商标 /1994 年
在索华空调结业后，其中的人员都自谋出路，也有坚守在这个行业的员工重新创业的。
记得这个品牌就是当年离开索华空调的一个中层人员创建的。
名字是他想的，调性完全以索华做模拟，市场主打越南。
这商品在越南发展得怎样我不得而知，因为是以销售的短线为目标，
越南市场的推广我也发不了力，这只是算在人生设计旅程里的一个小见证。

美的风扇 1997 年形象（家电）标志 /1997 年
这是专门为美的风扇 1997 年展销会做的标志，在大的构架不动的前提下，
作附加形象的设计，我想在保证品牌形象统一下的生动性这路子是可取的。
其实这设计和规范还真不是个别线下公司做的事情，
只是由于中国的企业上升都比较猛，所以有很多空间就留给了许多执行公司去填充。
如果监控不力，其结果必定会损害品牌。
我一向对这种乐于东找西找广告公司干活的作风没好感，记得当时只是一个项目的合作，
方案做好提交后支票也付了，不知什么原因，管财务的姐姐突然翻脸，
说支票写错了，当支票收回后，合作也就从此中断了。
我相信这种在设计背后的故事在同行中多不胜数，其故事一定比讲设计精彩得多。

SOVA
索华空调

SERO
夏朗空调

美的风扇
全球最大的风扇制造商

企鹅洗衣机（家电）商标 /1984 年前
面面俱到而又主题突出的设计。
以 "Q" 字衬托出一只黑白分明作为标志主角的企鹅，站在有着起伏水波的浪峰上。
把所需要表现的几种元素有主次地编排在一起，以概括的手法设计成一个图形，
对于经典标志的设计这都是必备的基本功。
商标品质的表现，检验着对图像概括能力的把控，
这对于设计师手绘和造型能力都有最基本的要求。

花都音箱（家电）商标 /1995 年前
不同形块摆放的切割，形成阴阳相错来表现主题，这常常是设计师在作业上发挥个人才智的用功。
主题是 "H"，中间落下音符并发展为声音扩散状。
两竖与一圆盘形成交叠，略微倾斜的图形自然产生了动感，
巧妙之处在音符直线与 "H" 右线的连接处，点出了音箱的商品属性。

一村（家电）商标 /1989 年
纯粹是图形设计的路线。
以 "Y" 作主体，以弧线、斜线作多元的切割，体现图形差异的鲜明符号性。
过于强调形式和抽象的设计很难以常态具象的思维做表述，
其存在性在于图像本身原创的生命力。

锦龙电器（家电）商标 /1984 年
对称、稳定有中心符号感觉的标志大约也是客户认同的标志。
这类标志在中小企业主中相当讨好，原本标志是以字母"J"构成，
为了稳定，将字母"J"作了一开二的对称排列，字母上面的圆点放大，
作为两个字母"J"共用的一个视觉亮点。
如果没有注册商标唯一性的考虑，这类设计基本上是最讨好的设计。

万通（家电）商标 /1995 年前
以"W"做抽象形的演变，追求图形全面的平稳度。

风驰（家电）商标
以"F"为原形的设计。风驰原本要体现的速度感，在设计中都以急停来表现。
以动来表现动是常规的思维，以静来表现动、表现急动是另一种思维。
作为平面设计静止的画面来表现动，其实不易，而以静来表现动倒不失为一种有效的思考。

食品饮料项

食品
饮料

皇爷槟榔（食品）标志 /2004 年
2004 年某天，一个电话打给我，说是要做一个包装，
我了解到是湖南的客户后，即刻回话：不做了，你们出不起价。
对方其实也是广告代理商，马上接话，要我改改观念，说如今进步了。
在后来的接触中，我才知道这槟榔在湖南有很大的市场，
有做房地产的商人因接触到槟榔生意，居然可以放弃房地产的业务，你不能想象吧？
这字体是整个包装的一部分，就这字体而言想来也是借用的，没有多大的原创性。
当初的选择想来也是不想有太多赌性。因为这是一个曾经在湖南排名前三的产品，
只是出现了一些质量事故，所以要作包装调整重新推出。
反而在包装的图案上，我们对新设计的皇爷形象进行了很大的改动。
对于单一设计的机会性包装，对于短线或一次过的设计方案，
我总觉得这种机会性的找人和机会性的设计，
其结果要一次过并不容易，但中国很多企业就是这样做的。
我以为，在这个系统之下，设计成果很难达至高水平，达至中等水平已属不易。
如果能委托高水平的设计公司做长年设计，
其效果应该乐观。

九洲商标（饼干）/1997 年
九洲是珠海的一个地名，九洲饼干也是当地的一个品牌，
为了重造品牌的高度，客户决定从商标的改造开始。
从商标的字义上认知，九洲似乎也和日本某地名相似，
以普遍的认知导入，做一个类似东洋风格的标志也算是件顺理成章的事。
元宝加东洋风格的字体，于是构成商标图形。
事实得知，在销量有限的情况下，光以包装有限度的改良，品牌的建造还是很渺茫的事。
商标改良对品牌提升很重要，但它绝不是唯一制胜法宝。

九州贝奇饼干（食品）商标 /1998 年
九州饼干是珠海的一个老品牌，受外来饼干品牌的影响，
本地品牌很多都扛不住。
改形象和包装应该是成本最少的投资，
于是在改造了九州品牌后，我们又对旗下的品牌做了调整。
十多年过去了，九州饼干并没有上来，回过头来检讨，
品牌的改造其实是系统工程，
形象改造只是第一步，
没有后续的产品、品质、推广、营销跟进，一切只是在原地踏步。
现在想，那时候的人太天真了，如果光是靠改形象就可以让品牌更新，
我们都不应该从事设计，从事企业营运才是正道。

良家小品（零食）商标 /2000 年
同是江西出品的一个机会性创业系列零食商品。
大约风格上有受日本概念的影响，命名和造型上都留有东洋乡土的痕迹。
这商标配东洋乡土风格的设计应该比较讨好，
配现代感风格很强的包装则要特别用心。
良家小品很容易联想良家妇女，有这种联想记忆法作基础并不是坏事，
相反在设计和推广上做得精美，
还可以让作品自然加分。
当然，如果设计做砸了就另当别论。

反斗星商标（糖果玩品）/1993 年
糖果玩品是一个跨界组合的商品。
在各种玩具中加入不同的糖果，让小朋友在益智娱乐中又能享受美食。
商品的制造商来自香港。开始接受这项业务时，记得我对客户说过，做商品首先要把形象理顺，
规范设计好，这是香港商人都知道的。
我的客户告诉我："我真不知道，你不告诉我，我还不会去做形象。"
生产商品和推广品牌原来在全世界都是一样的，永远有相对专业的熟悉领域。
用西方的双帽小丑配上特定的字体，让品名和形象更容易被受众所认知。直观性、
色彩丰富性是小朋友乐于接受的形象，这商标的设计也是一稿通过。

亲点营养糖果（食品）商标 /2012 年
由于亲点的设计客户参与得太深，以至该商标出彩得有限。
在设计的项目中，到底客户的参与应该有多深，
这是谁都无法回答的问题。
客户在寻找设计商时，总希望找一个高手，
但在设计的过程中，客户又总认为自己就是一个高手，
这认识架构在尊重的基础上还好办，
如果平衡失去了，其结果就很难想象了。
人当然有盲区，找高手干专业的事就是要避过盲区，
如果连这一认识也没有，以盲误事的结果自然是顺理成章了。
设计上可以控制的是一整块荧光橙色，里面的中英文字体再难看也可以压住，
这也算是一种妥协。

宋大牌（牛肉干）商标 /1993 年
牛肉干的形状一般呈方形，把牛肉干方的形态作为整形，这是定调。
在主调之下，把"宋"作为主形，把"S"穿插其中，
让作为商标的"宋"字更有独特符号感，这正是商标的生命。
有一点要解释的是，"S"字母采用典雅的罗马字体与中文的老宋字同出一辙，体
现一种中西合璧的理念。
记得这个商标是方圆公关公司给我的业务，我没有直接见过客户，
多少年以后听说这块"牛肉干"发展得不错。
商标色彩为大红。

晨曦牌（面条制品）商标 /1983 年
大学刚毕业进入广州市广告公司工作时，我对标志图形设计投入了极大的热情。
印象中，几乎每两天就设计一个标志。有单位的业务，也有自选题材。
当时我的顶头上司是工艺设计室李主任，他看到了我的热情和能力，也接了不少这类活让我干。
这作品也算是当时得意之作，有很强的东洋风。
简洁的商标在"珠江牌""大桥牌"那样具象泛滥的时代显得格外时尚。
整个商标以拼音字母"C"（晨）和光芒四射之线构成。"C"代表了商品的牌名，
光芒四射之线表现了牌名的象征意义，寓意该商品光明的前途。
光芒四射之线也可看作面条的形状，表现了商品的特性。

滘心商标（食品）/1986 年
这是一个干果类的食品商标，
这个商标完成后最大的心得是，对于对称图形在设计上要多加一个心眼，否则容易出现似人的器官。
如图所示，原意是考虑掰开一个果，果内有一颗心，按说这想法也还成立，
但一旦图形做成掰开的对称图案时，一个屁股的形状就跃然纸上。
这类型的设计我还看过有兽面、人面的联想，只要在对称的两边加上左右一个类似眼睛的图形，
脸的感觉就显现出来。
这种联想的可爱性都不强，可怕性倒让人有不好的联想，值得注意。

白金龙商标（食品）/ 约 1991 年
字母加图形的主题性表述设计法，流行于那个年代。

雨润烧鸡（食品）标志 /2002 年
南京雨润食品集团是中国很大的一个肉食品加工企业，
某天一个电话打来，要我上南京当面谈谈做包装的事。
这企业可能是钱多了，不就是设计个包装嘛，
还要跨地域地召自认为有名的人和机构看看。
我也不含糊，如果全国有很多企业也都是这样应唤，
我是绝难应付了。
想了个回话，要求包来回差旅费，外带请清华美院博导高老师一起。
厂方也不含糊，好像向科长申请后就可以决定。
高老师也是营销讲坛的老手，请他当然是雨润得益了。
接待、工作交接、合同诚信一切都没问题，
也是一锤子的买卖。活，我自认还是干得不错，
看标志也能看出个道道来。
后来听说，当年企业都喜欢用这方法叫很多名广告公司来问话，
他们都是屁颠屁颠地争着去，
可都没说要包旅差费，而且人家也没觉得有何不妥。
这世界真是一种米养百样人，
我可真没这能耐折腾。
想来，难得的是和高老师有了一段南京的经历，
我也能写出一段回忆的文字，
反而我觉得这才宝贵。

雨润桂花鸭（食品）标志 /2002 年
与烧鸡是同一个系列的商品，
用特定的图案把商品作了细分。

香雪天衡键健康食品商标 /2003 年
和香雪制药结缘是在 2003 年的非典时期。
那年春天，中国暴发了非典，我第一时间就打电话给香雪制药的黄总。
我说，你赶紧做广告吧，就做纸媒可以了，半版黑白，
什么也不用写，把抗病毒口服液的包装放大搁上就行。
包装上的文字也很大，品名"抗病毒口服液"就是广告语，
功能在包装上也有注明。
这时候做的广告，应该是平时效果的十倍。
当时黄总在美国，因有事一时半刻也回不来，
他在电话中就委托黑马做了。
广告出街后效果奇好，厂里没日没夜地赶生产，据说把三年的销售任务都完成了。
非典过后，厂里考虑要投入做一个健康性的商品。
大约是个先清后补的营养冲剂，
品名是厂里定的。他们在设计上也是有很高的要求，
当时前一个饮料"日清饮"就是请香港设计师陈幼坚设计的。
有机、绿色、平衡，大概就是当时从商品概念中抽出来要实现的基本设计元素，
后来好像这个商品因为我们并不了解的原因没有继续下去了。
记得，为了包装的调研，我还专门去了一趟日本考察市场。
客户也很地道，项目没做，但钱照给了。

鼎湖山泉（饮用水）商标 /1999 年
内蒙古呼和浩特由于出了两个非常有名的乳业品牌，于是得到了"中国乳都"的称号。
在广东，能称为水都的应该是肇庆。广东出产的水也不少，
但从桶装水的供水量和敢把出水区的自然生态环境作广泛宣传，看来最有资格说话的就是肇庆。
肇庆最有名的风景区是七星岩，恰好是在联合国划定的北回归线上，
这地方的发展还没透支，工业落后正好是自然资源保留的好地方，
而且离广州这个大城市也不远，物流成本低。
做桶装水的品牌大约也有十个，把品牌水做成地方拳头产业的，
鼎湖山泉算是最突出的例子。
年轻时我爬过七星岩，七座山峰一天之内我爬了五座，有两座的峰很散，不可能爬的，
这印象一直存到了 30 年后，为设计这个商标用上了。
商标内有七座山峰的山，就是我当年爬过的七星岩，这印象直到今天还很真实。
相信在桶装水的类别里，山泉水是鼎湖山泉第一个提出来的，
类别的创造在商标里很难显现，但在说法上为市场推动创造了一个购买的最大理由。
黑马为这品牌创造的商品、水店和广告形象，记得差不多用了十年，厂家一直没投资变动，
除了开始还找黑马做一点广告，后来就一直断了线，如今听说也只在广东、广西部分区域经营。
说真的，可惜了。

古谷冰川泉水（饮用水）商标 /2003 年
古谷冰川泉水是取自四川贡嘎山海螺沟，那里是世界最低海拔的冰川地。
美术出身的人都很看重字形，在改名字的时候，我对这两个字的造型很有好感，造型很美。
当然，意思也是取自冰川，远古和地理的意义。
多少年以后，这家水厂的老板告诉我，他们的副省长有天要找他，又记不起他的名字，
但对牌子的发音印象很深，就对工作人员说，能不能叫那个"姑姑"水的老板来一下。
古谷，有点像一个鸟的叫声吧？
如果牌子的名称是取自人在生活经验里的体会，印象自然深刻、难忘。
品名简单，叫法简单，字的造型也很简单，简单的造型，
说得学术一点叫简练的造型，在视觉传达上会更有力。
正是这款来自深层冰川泉水所要表达的信息。
记得做这品牌时，我还专门去了一趟海螺沟，
请北京来的水专家专门为我们开小灶上水知识的课。
那里的环境真美，半山露天的温泉，吹着凉风，
透过树梢看着一轮新月，吃着溪里打上来的小虾，喝着冰川泉水，美极了。
据说，冬天在雪覆盖的半山中泡温泉，那才是最美的。

7.3 天然桶装水（饮用水）商标 /2008 年
黑马做水做多了，这也是一个很大企业生产的水。
广州自来水公司一直在做一个叫"南洲"牌的水，名气一直打不响，来找黑马要做新的包装。
我们的建议是把名字先改了。"南洲"是一个并没有美誉资源的地名，不要也罢。
当时在广州市场最有影响力的水品牌是"农夫山泉"，"农夫山泉"的最大卖点就是 pH 值 7.3。
如果把这 7.3 作为品牌，将来的推广就会省很多费用。
当然这是基于这水确实达到这一指标，也基于很多水的生产商也在打这一张牌。
难得的是厂家很认同黑马的提议，这品牌做得真爽。
标志、桶形、水店、广告，一系列的工作都做了，
后来了解到还是体制问题，销售未能持续上升。可惜了。

老龙潭山泉（饮用水）商标 /2002 年
当年鼎湖山泉势头很猛，
要知道在广州市场上我们是和全国知名品牌农夫山泉进入广州同时对打的，
能同时站得住脚，真不容易。
鼎湖山泉进入广州后，没有进一步扩展市场区域规模，
而是想从开发更低端和更高端的水来保持地位及利润。
开发新品就成了他们那年的工作。
老龙潭山泉是比鼎湖山泉更高端的水，但同时被绑在鼎湖山泉的战车上。
从结果来看，这个依附在鼎湖山泉品牌高端和低端的两个水，后来都无疾而终，
说明当时这一决策是失败的。
回想起来，应该是当年请来的职业经理人想表现，但格局不高而经验欠缺。
中档品牌出高档商品，这条路是万万行不得，这例子应有说服力。

天然大氧吧（饮用水）商标 /2003 年
这是鼎湖山泉低端水的品牌，也是受格局的影响，
在有限的市场想保持地位和获得更多的利润，从价格上想把更低端的市场也占了。
于是，这牌子就出来了。
当然，这牌子是不能打鼎湖山泉的，不叫山泉水，只能以纯净水的面目出现，
设计上也没什么太高的要求，能有个不太难看的牌子就得了。
这商品的竞争力主要在价格上。

肇庆山泉（饮用水）商标 /2003 年
肇庆山泉原来的牌子叫爱森，也可能是鼎湖山泉卖出了名，
当时在肇庆的水如果牌子上不打有关地名如鼎湖、肇庆、肇顶的，可能被视作杂牌货，
卖也卖得不理直气壮，所以心里一直有个结。
这牌子和鼎湖山泉是对手，找我们做是想挑战鼎湖山泉，这思路很多企业家都想得出。
因为我们最了解当初鼎湖山泉建立品牌的想法，要与它一争天下，
当然要找一个对市场和对手熟悉的策划机构来操作，这样取胜的可能性应该大很多。
肇庆山泉整个标志是放大了山的概念，
从鼎湖山泉七星岩的景观概念发展为肇庆山林的概念，也是想从同一性上找出差异性。
因为后来者的推广要多于前者三倍的成本，
所以在形象上的直接明了，会让成本更有效地产生影响。
直接的视觉影响力就是此商标的要点，
爱森作为过渡期的商标，在这个阶段只能缩小置于其中。

聚然矿泉水（饮用水）商标设计 /2013 年
我不知道能否把黑马所做过的瓶装水名称数得过来：
美芝灵、海珠、大峡谷、古谷、鼎湖山泉、天然大氧吧、老龙潭、
7.3、肇鼎山泉、孖髻山、聚然等，超过十个牌子，不少了。
其中完全让黑马命名的只有大峡谷、7.3、古谷，
参与命名的有美芝灵、鼎湖山泉，
剩下的基本是客户定好名后要黑马策划和执行的。
聚然是珠海的客户，名字是客户定好的，不能变。
客户命名有整体的考虑，对于这条底线我们无法超越，
只能尽力去执行好。
客户的主要业务是房地产，而房地产的名称也是"聚"字打头，
这"聚"字早先已定了，矿泉水是后上的产业。
一个地方性的品牌，要利用一个地方性的强势品牌作支持，
这是客户的布局，也许这定位是专门为此品牌设定的，
他们的得失感比黑马更强，也许这是对的。
纯字体的设计讲究美感，当然看出关联性最好，
所以有了水滴，有了跃动的水浪。
品牌色彩的倾向性也很重要，于是用了蓝色作为主调，
力图把水的形态、象征色往这个八竿子都不可能关联到水的命名上拉。

孖髻山矿泉水（饮用水）商标 /2013 年
珠海的一个老牌子，"孖"字在传播上有障碍，多个原因使得这品牌犹如鸡肋，
销量不大，关了可怜。
于是和"聚然"打包，作为给黑马执行的项目，在视觉美感传播上重新做设计。
这字设计一稿通过，只涉及美感，不涉及其他任何东西。

聚然®

孖髻山
MA JI SHAN

酒前一杯（饮料）商标 /2000 年
这是一个概念开发性的商品。
品名有功能的诉求，也是当商标设计了。
就商标设计而言，只是字体设计的概念，
也算单纯，并没有多少设计可以描述。

饭后一杯（饮料）商标 /2000 年
与酒前一杯是餐饮消费的姊妹商品，
概念相同。

鲜蜜小铺（蜂蜜）商标 /2000 年
在成功设计了"老蜂农"后又一创新的跟进商品，
产地同是江西吉安井冈山地区。
对于一些大众化的商品，
我认为对字体的设计要有消费定位的清晰考虑，
简单用字库的字难以形成个性，
创造新字要因商品而异，如果个性太强则要考虑对大众的传播力，
以熟悉认可的字作改良，应该不失为一个好的思路。
该商标就是基于这一基础而设计的。
定位大众的商品影响面大，
要做到各年龄、文化层的人都易于接受，
确实不易。

酒前一杯

饭后一杯

鲜蜜小铺

健康乐商标（饮料）/1984 年
广州一家老药厂生产的饮料。那个年代的设计，没有品牌，没考虑全国性的营销。
记得商品当时的形态就像一瓶可口可乐，但口感不同，
像有很浓药味的止咳水，不太能让人接受的味道。
商标当时是用白漆丝印上去的，一边印着"JKL"，一边印着"健康乐"。
也没看见饮料在社会上有流通，无声无息地出品，无声无息地结束。
改革开放之初，受外来商品进入的刺激，出的商品并不少，但能成活到后来的几乎没有。
商标设计没有在全盘营销策划之下的规划，对其表现无从判断。

高又高（饮料厂）厂徽 / 约 1990 年前
如果说在改革开放之初以单个英文字母作标志属于洋化设计，
而用拼音字母作商标组合设计则属于土鳖崇洋。
这厂徽大约就是那时代的产物，选用的字母看像英文实际是拼音，
最坏的结果有可能是中国人、外国人都看不懂，
只属于那时代设计师以为是有设计感而又难于视觉传达的玩意儿。
历史就是这样走过来的。

红一（饮料）商标 /1998 年
见证过中国企业在高速成长期的人都会有很多难忘的记忆。
我曾在 1998 年和时任红桃 K 的老总有过一次不超过半小时的谈话，
谈话的主题是他询问我做什么样的产业为好。
我在和他的交谈过程中，发现他用电话通知企业的职能部门，
至少注册了四五家公司，
而这些公司的经营范围基本上是他在我的谈话中了解的产业，
当时让我实在吃惊。
这经历在之前和以后我都再没见过了，
也真算是个奇遇。如梦，如幻。
"红一"是红桃 K 集团在最鼎盛时期想开发的一个饮料品牌，
"红"是和母公司红桃 K 的归属关系，
"一"也是中国人根深蒂固的霸权思维。
这商标也就是一个构思，反映了那个时代中国企业家的想法，
一个记忆。

蜂巢商标（饮品）/1990 年前
中山市一家糖厂生产的系列饮品商标。在接触客户时已被告知糖厂的生产量每年下降，
为了整合其生产资源，要开发利乐砖包装的系列饮料。
蜂巢是客户已有的商标，为了直接把品牌打出去，在设计中直接以中英文字作为商标主体设计，
尝试了当时极小商标设计使用直接设计字体的"强商标设计"手法。

老蜂农（蜂蜜）商标 /1998 年
这是江西革命老区吉安井冈山的产品。
因为做"美媛春"女性口服液和老区结了缘，
顺带着交了不少老区朋友，更顺带做了这个产品。
从江西带"美媛春"来广州打天下的陈泰之老总，
后来也都成了营销专家，他也是商标起名的高手，
帮助过不少企业的商标命名，而且还起得相当棒。
老蜂农的名字就是他起的。
当年他在井冈山回广州的火车上，一晚上就起了十几个名字，
第二天就征求我的意见。老蜂农，就这样定下来了。
老人加蜂农加蜜蜂（蜂蜜）就是商标的构想。
表现手法上还专门参考了欧洲的版画，
力图把商标表现得有中国的陌生感。
字是请了广州著名已故书法家麦华三的大弟子吕志强题写，
把力图升华的商标再接上地气。
这品牌在推广上没有花任何费用，
只是在商场上作正常铺货，
但每年的收入据说还可观。后来居然也引来跟随的模仿者，
以"蜂老头"的设计及更低的价格作恶性竞争。
这也是中国创新产品"只能吃头啖汤，没有专利可言"的普遍悲剧。

老同和（酒业）商标 /1999 年
红桃 K 补血口服液在 1996 年有过辉煌，那辉煌黑马参与了。
我也曾有过那几年辉煌的定论。
红桃 K 的老总谢圣明也曾质疑我的定论，这十几年过去了，
"红桃 K 最辉煌也就是 1998 年"的定论已成为结论，无法推翻了。
在 2000 年前，红桃 K 对一些副总作了鼓励创业的决议，
让其中的卢姓副总经理组建了名为"老同和"的酒业公司。
这是他们专程请黑马做的红桃 K 投资的酒业标志，
标志做好了，续后的联系也都这么多年没有了下文。
如今这企业如何？能否生存？
都石沉大海了，心里还是念着。

蜂巢
Bee

老蜂农

老同和

维爽优酪乳（乳制品）标志 /2004 年
维爽是达能品牌开发的一个优酪乳产品。
当年达能在全球的乳品排名第四，在酸牛奶中的排名是第一。
黑马当年是受达能中国华南公司的委托开发的新产品，
从商品的命名、瓶型、产品设计到广告设计、执行，
一系列的工作全都参与了。
产品定位是城市年轻白领女性，紧扣美感和口感的双重性，
所以无论在瓶形、字体、广告上全部以此作标准。
这款字是产品开发的视觉核心，应该说还是很满意的。
这款字也有听说后来被同行用作对年轻设计师的示范作品，
因为很刻意地对字体作设计，
在那个年月已经被有竞争实力的公司列到重要的位置上了。

爽点乳酸菌饮料（乳制品）标志 /2004 年
爽点是光明乳业旗下开发的一款定位为少年儿童饮用的乳酸菌饮料。
从调查得知，这一年龄段的孩子在接受认识上有相当的反叛性，
所以在屋型包装设计的小精灵人物上，设计了异于常态的字体造型作配合。
一是希望风格能有统一性，二是希望风格来得更加活泼和有趣。

复活岛果汁（饮料）商标 /1999 年
中国是世界工厂，广州是世界工厂的车间。
广州一处并不起眼的地方，有可能就是加工世界名牌的车间，
这现象见多了，也很平常。
生产"复活岛"果汁饮料的工厂，就是广州加工百事可乐的工厂，
他们在生产的过程中了解到，原来世界顶级品牌的生产也就是这么回事，
也促使了他们要制造自己品牌的欲望。
要生产自然是件驾轻就熟的事，但要做好推广和营销是另一码事，
这一点当初他们并没有心理准备。
这设计从命名到瓶形的挑选，品牌视觉的设计都很顺利，
甚至在作复活岛大石头像的设计时，都没有参考真实的照片。
设计的空间和自由度相当大，成品设计出来后也还满意。
但商品后来在市场上并没见到，估计也是活不下去了。
这也是世界工厂在发展时期的躁动心态，
帮别人加工到了一个阶段，又想拥有自己的品牌，
以为能生产就能做品牌了，试过以后发现术有专攻，
又回过头来安心为名牌做加工生产了。
这样的企业在那一时段有不少，如今基本上很少见了，
这也说明市场逐渐趋向成熟了。

维爽

爽点

La Easter island 夏活岛

雨原茶道（茶叶）标志 /2009 年
美即面膜的老板佘雨原极其爱茶，每年中秋美即送礼就是送茶。
他每年送的茶都是极好的茶，每次还亲自带队到产地采茶、制茶，
那份诚意令人感动。
他送出的茶都是限量版，估计也就三五百份，非常珍贵。
做茶只是他的爱好，还没看出他要当产业做，
但做品牌的人都有做品牌的情结，
于是就设计了个"雨原茶道"，也去注册了。
是不是有那样的契机，有那么一天有机会成就了他的梦想，
我想那份喜悦一定会在他内心爆炸的。
模仿木刻的手法，以笔作刀形成的字，
就是"雨原茶道"的设计。
通常我会在纸上作草图，然后请同事扫描用电脑修图。
结果当然和谁在操作电脑很有关，
但草图手绘的感觉是最原始的感应，
这环节不能省。

祁门红茶（茶叶）标志 /2010 年
因为整个包装是走藏文化风格，
所以在标志的字体设计上就用了藏文化的感觉套入。
祁门在安徽，红茶的核心产地在金花寨，
按理说这区域离藏区也有十万八千里，
选用藏元素也是求新求异的思维，
算是取巧的设计。
这设计对于短期包装还能勉强应用，
至于用在长期包装上，则要谨慎考虑了。

雨茶原道

2010 祁门红茶

家庭及个人用品项

化妆品
日化产品
生活用品

美媛春牌（化妆品）商标 /2003 年
这牌子化妆品的专属权被恒安集团买了。
一个美媛春的牌子，由两个东家分别经营着口服液和化妆品，
因为化妆品是后上的业务，为了和口服液的牌子有区别，于是就要做另一种感觉而名称又一样的牌子。
这当然是个难题。回首审视，其实恒安集团当初不买这牌子而新造一个牌子也未尝不可。
因为化妆品需要时尚，而保健品最好的品牌也归类传统，
无法改变的品牌调性的商品很难在市场立足和成长，这是硬伤。
在硬伤之下的设计必须特别突破，这是赌的行为。这设计算是昂贵代价的案例，
个中的血泪只有付出代价者才能有深刻的体会。

美媛春牌（化妆品）商标 /2004 年
也是考虑到以中文美媛春作商标难以时尚，
在美媛春化妆品的所有包装主画面上推出了一个以英文为主的商标图形。
当然，图形可以改变，英文可以放大，但名称是无法改变的。

美媛春牌化妆品膏霜系列平皱套装（化妆品）标志 /1999 年
在包装上做一个有广告诉求的标志，同时放在广告画面里，对于化妆品推广也属一种思考。
化妆品的广告不同于保健品和房地产广告，特别是平面广告。
如果画面的文案太多，功能性的文案太多，很难时尚。
感性的表现，精美的照片构成了一般时尚品的形态，
这类标志希望能在功能"28天平皱"与时尚之间找到一种平衡，
在有诉求的范围内能时尚地表现。

美媛春（化妆品）花系列标志 /2001 年
美媛春是江西的一种女性口服液，当年在广州打开市场并能立足下来，
黑马在其中贡献良多。这段战绩，至今想起来还是兴奋异常。
记得当时我对美媛春的领导说过，赶紧把这商标在其他类别注册了，
说不定将来发展，可成为一个女性类的品牌。
若干年过后，美媛春口服液被广州的企业收购了，
而当初注册到化妆品类的美媛春又被福建的企业收购了。
从某种意义上来说，一个江西的品牌其实是在中国的大地上发展了。
化妆品的品种和品类要比口服液多太多了，
只要对其作整合设计，一个品牌的设计就可以出一本书。
这里展示的只是洗面奶类的 3 个以花作为分类的设计，
在设计上数量不多，并没有图形上的变化，
如果在品类上要增加到 8 个以上，这表现肯定会有问题的。

可采牌眼、面贴膜（化妆品）商标 /2001 年
进入 2000 年中国最走红的眼、面贴膜品牌。这牌子见证了中国本土眼、面贴膜崛起的事实。
在中国女性开始有自我保健美容和开始接受使用眼、面贴膜之际，国际同类商品非常贵，
中国商品又没品牌。可采正是在这个领域第一个强化推广品牌的商品。从发小报到上地方主流大报，
再到进入连锁药房渠道，"养"的中医中药概念通过"养眼法"的广告，走红了当年的市场。
从此，刮起了贴膜类自我美容的热潮。可惜的是企业内部发生了信任危机，在人的局限下，
断送了可采的前程。就当年可采的气势，如若顺利前进，今天在中国的贴膜市场，
可采完全可以坐到一哥的位置。一个不知名的成都牌子，给一伙热血的营销青年看中，通过艰难的营销，
成为中国最走红的本土品牌。然后，厂家和主要代理商闹翻，厂家自己也难以在销售上有所表现，
最终把品牌卖给了上海家化。

海颜坊牌面贴膜海水珍珠冰白晶（化妆品）商标 /2004 年
2003 年结束了和可采的合作后，不断有做面贴膜的商家找黑马要求合作。
海颜坊是可采原营销总监曹樾平上任后交给黑马的项目，
该品牌出资人是广西北海的一家上市公司。
记得那位广西上市公司投资商的老板在我面前摆谱，
对包装点了点头，说了句等于没说的话，不错，再加油。他当是开汽车，
包装都做好了，加什么油？我心里觉得好搞笑。包装确实尽力了，
也得了美国莫比年度的包装金奖，但就是没看到市场有卖，这营销做得够烂的，什么原因不清楚。
在 9 年后某个电视曝光珍珠产品的采访中，我看到镜头前有人在揭露假珍珠的产品，
镜头后居然有这个商品的广告，电视里也没有任何的解释，真是吓了我一跳。

海颜坊牌面贴膜海水珍珠冰白晶（化妆品）标志 /2004 年
商品营销是讲概念的，有概念的商品在传播中有故事，有故事就有说法，说得好可以迷人。
故事这个概念在包装上就浓缩成符号，在广告引爆后到包装上落脚。
海水珍珠冰白晶就是珍珠面膜的概念，能在广告中引爆并被消费者接受就活，
否则只是一个不被认知的符号，一个痣而已。

极上面膜商标（设计稿）/2013 年
极上是美即面膜进入二级市城专卖店的一个高端面膜品牌。
这字体设计也是久经推敲，
但由于审稿过程超出了设计以外说不清楚的原因，
最后此设计被搁置，选用的另一个设计则可以说是没设计的"瘦金体"，
基本是从字库调出来的字。
也是觉得这"标本"设计得不错，应该能成为示范，
所以把它收编进来。

婷美牌（化妆品）商标 /2002 年
女性产品这个领域有无限大的空间，每年在这个领域出现的商品也是无限的多。
当然，真正能做大的多是固定的品牌，甚至是固定的商品。新鲜的牌子和新鲜的商品要站稳脚跟，
谈何容易。
这商品黑马从产品开发到广告策划、制作一条龙服务，客户还请来了女明星当代言人。
据说姐姐已不年轻，脾气又大，皮肤要动用电脑去修。这类功能性的商品很难拍出感觉，
所以片子也就没去跟了。
因为是大工业生产，包装要出彩也不易，外包装侧面有点小斜边也就不错了。

婷美牌（化妆品）包装识别符号 /2002 年
包装上配合文字，配合大图的分类识别符号。

极上
婷美

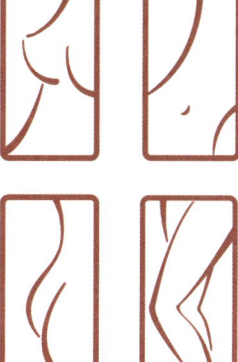

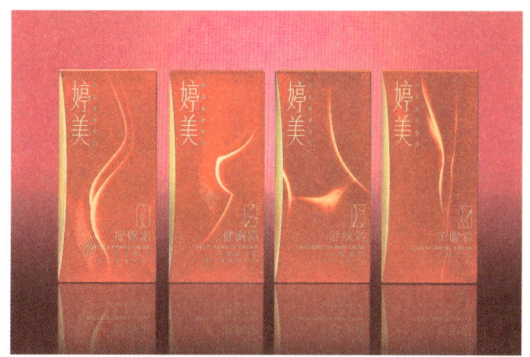

美媛春牌口服液（化妆品）品名 /2004 年
一个江西的品牌，当年以一百万元的资金在广州市场挑战太太口服液，并跻身市场存活下来。
当年站稳脚跟后，就离开了黑马，几乎也找遍了广州比较不错的广告公司为其服务，
但在销量出现下滑时，再次找到了黑马，黑马一直跟到了这商品转换东家的开局。
改包装一直是我的想法，也是重整旗鼓的第一步。
这品名的设计也是基于商标难以改变的视觉符号再造，希望有一个传播清晰并有美感的形象新声。
由于这三个字结构缺乏统一性，能做到目前这形象已是尽力了。
在包装的改造中，也对美媛春系列商品进行了系列包装的规划和改造。
最被广东受众记忆的，是美媛春肾宝的广告语：老婆肾好，你就别想跑。
后来，也成了箭靶。

美即面膜（化妆品）商标 /2003 年
这是最早的美即面膜商标，也是美即面膜最早期包装的主画面元素。
一组不可阅读的类似韩文的图形，原来是来自早期的汉语拼音字体。
后来的美即面膜做过很大的改动，但最早设定的正方形盒和圆形的图案，
已经成了美即留在受众心目中最深刻的视觉锤。
当初，销售人员对这个图案有个形象的说法，叫红绿灯。因为当时的包装中间的图形都是圆圈，
用不同的颜色作表现，在货柜陈列时，远远望去就像一个个红色、绿色、黄色的交通灯。
这设计对美即上市的出位起到了不可低估的作用，而韩国形象的大胆出演，
也让当时的面膜市场眼前一亮。完全把当时以中医中药为价值核心的可采面贴膜做了极大的区隔。
不做跟随者，不屑挑战者，以一个强势的外来者闯了进来。
包装成功地体现了商品的定位，大步闯入市场。
十年后，美即在香港成功上市，
进入 2010 年后，美即面膜已成为中国销量第一的面膜。

贴美牌面贴膜（化妆品）商标 /2002 年
在可采牌眼、面贴膜迅速成长离开了黑马的日子里，我们为天津的客户做了一个叫贴美牌的面膜。
至今我还记得当年客户主管对我说过的一句话，做产品，要么就看到希望，看到不断成长，
如果产品做不起来，宁肯让其快点死也不要半死不活地拖着，死得难受。
话是这样说了，但活还得认真做。这当然是那个时间段做得最好的包装，
记得有位曾和黑马合作得很好的客户老板，做大了以后又以为外面的世界很精彩，
不断地找和换合作公司，但眼睛却一直盯着黑马的动态，
过了几年后他在再度和黑马合作时，才吐出了心声。
他说，每当看到市场上黑马为其他同类客户做出有亮点的包装时，心里总是很紧张，
这紧张一直影响着他，最后促使他一定要下决心包起黑马。
设计的改变有两条路，一是做大的变化。对字体设计而言，就是创造字体，
在表现中创造一种不曾见过的字体，也可以说把字体当成图形去处理。
二是作有亮点的微调。这类动作在设计中常用，也特别考验设计师的功力。
做大的变化其结果要么是惊喜，要么是讨厌，中间认同状态的不一定会多。
而微调难度并不低，看似没有改变，而实际在呈现美感的同时要做出不露痕迹的改变，
"清水出芙蓉，天然去雕饰"，这本事更大。
贴美面贴膜从商标到包装的整个设计，都是依据这一原则进行的，有难度，但能保证其品位的档次。

美媛春

贴美

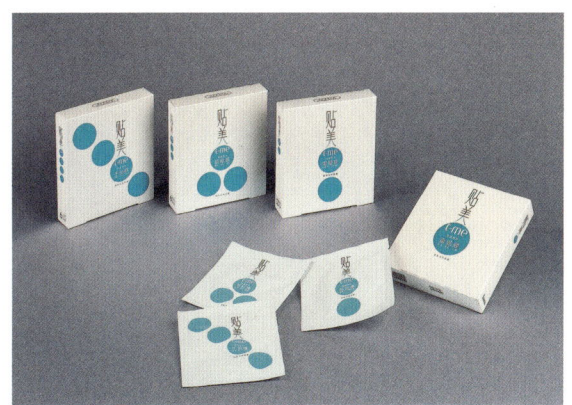

藻原精粹（化妆品）标志 /2005 年
表现海洋生物类化妆品特质的成分标志，用海藻的形态作装饰图像化处理。

美即面膜植活素（化妆品）标志 /2003 年
制造商品功能和创造商品概念是提升商品销售的两翼。
植活素是美即创造的商品概念，它由植物的活性素发展而成。
商品功能是消费者买商品的理由，商品概念是消费者对商品特性的心理支持。
商品功能同质化的差异有赖于商品概念的差异，这一点对于品牌的成长尤为重要。
也许种下这粒种子，要在很久以后才能成熟，
但如果到要吃果子时才考虑要种种子，就晚了。
至于这个种子种下去以后会不会结果，那又是不可预测的事，
有规矩、有布局地去策划，路就应该这样走。

保湿面膜（化妆品）标志 /2005 年
一个提示特别功能的面膜商品标志，表现水的丰富含量是标志的重点。

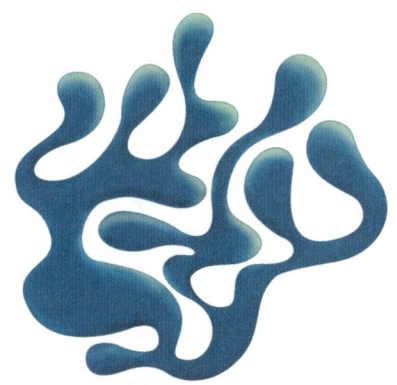

MAGIC CRYPTIC
FOLIAGE COMPLEX
美即植活素

美斯凯尔（化妆品）商标 /2002 年

我不太确认这商标是黑马的产品，但它一直存放在黑马设计的档案中。
可以肯定的是这牌子应该和黑马有关系，但关系不深。
看得出来，这是一个外国的品牌，或者是一个模仿外国品牌的牌子。
标志的血统很重要，不伦不类的会像山寨货，
做什么，就要像什么。
像这类有国际范的品牌，当然最好请有其母语背景的设计师设计，
其中的奥妙外人是无法替工的。

兰贵人牌化妆品商标 /2002 年

一个曾经不错的南京品牌，在它化妆品包装的瓶罐上，统一在盖上都有一顶蓝帽子，很有旗人的风貌。
记得是老板亲自来广州找到了我，怀着打造品牌的伟大期望并说了很多豪言壮语和伟大愿景，
离开后只要求做商标的改动。
愿望的巨人和行动的矮子是我国大多数企业家的秉性，
考虑问题的枝节性也必然会造成执行层面的破碎性，要得到成功，谈何容易。
至于如今我们看到的中文商标表现，应能解读出合作得并不深入和交融，
期望商标带动品牌起飞的压力一眼就可看到。

第一海洋（化妆品）商标 /2005 年

在中国的广告法中，宣传商品的绝对用语是不能发布的，
如"第一""最"等字眼。但在商标法中就没此限制。
所以，在开发一个新品中，如果能为商品取名为"第一"，在将来的传播中就能取巧了。
这也是黑马为北京的一个化妆品做的品牌规划中的取名——"第一海洋"。
你想，这第一海洋如被批准注册了，这第一第一的老作传播，
在消费者的心目中，也许这第一的定位也就潜移默化地确立了，这是多么取巧的第一步。
为了促使这"第一"能成功地注册，我们也把这组字做图形处理，
在注册时，如果是图形化了，感觉这个"一"字没这么强硬，也好注册了。

海 O_2（化妆品）商标 /2005 年

这是一个已经注册了的商标，注册证就在我的手里，作为商标可以转让。
在设计商标时，我们往往要给客户提上很多方案，
但客户最后接受的只能是一个，在提供有更好的商标时，如果不用了甚是可惜。
比如这个商标，这是我们设计海洋类商标的提案，
因为觉得不错，不舍得放弃，结果自己就掏钱注册了。
这商标在内涵、文字和图形上都很有特点，
相信在做化妆品的应用上应该能具有时尚美感和传播力。

Maskcare
美 斯 凯 尔

兰贵人

第一海洋

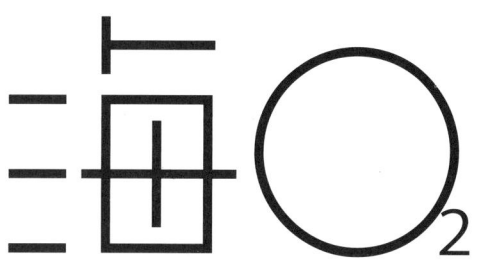

和汉花牌（化妆品）商标 /2011 年
客户下单给黑马做时夸下海口，这产品未来是要进军巴黎，进军老佛爷（巴黎很有名的一家百货公司）。
所以，商品形态要表现出是高端中国货，要能与世界一流的化妆品媲美。
我当真信了，也是很热情地投入设计中。客户给的时间、要求和钱都相当宽松，每次提案，
客户都发自内心地鼓掌，我们特别受鼓舞。这是让黑马感到相当愉悦的设计过程，
商品最后呈现的样子也很美，很有格调。
至于能否冲出中国走向巴黎那应该不是短期能实现的事，我是希望实际一点，能在中国亮相，
大幅度地高端亮相，足矣。关于商品要全面走向市场，和资金的投入有很大关系，可惜我是帮不了忙的。
最土的元素有可能变为最时尚的设计。
其中的原因是，最土的东西很难会被正常人选择用在时尚品的设计之中。
所谓时尚的元素被泛用了，也可能就变得通俗，通俗的东西是难与时尚挂上钩的。
汉字在世界顶级化妆品上极少有见，如果整个设计系统都往上走，
整个所谓土的元素作过不常规的改造，所谓的时尚有可能就从不一定的土向时尚进化了。
和汉花的设计是一个尝试，这尝试的尺度对于一帮母语是中文的设计师，当然能做到，而且能做好。

韩后牌（化妆品）商标 /2009 年
"韩后"是以韩国原料、韩风元素包装推广，中国组装的化妆品。
最早的概念，是以韩国化妆品"the history of 后"作为参照的，
"韩后"是基于原有商标基础重新设计做推广升级版的商品。
"韩后"的整个升级推广是一个系统工程，标志在其中算是重要和最小的一部分，
定位、包装设计和广告推广分量都相当大，但最先在视觉化切入的真还是标志。
整个推广中，黑马创作的广告语言钉子相当锐利和到位：女人有机会更美。
这还是在广告片中，
韩国女星用韩国普通话很温柔、肯定地表述的。
这广告随着不同的短句，可有三种说法：女人，有机会更美！女人有机，会更美。女人，有机，会更美。妙吧！

海星（化妆品）商标 /2005 年
在我的从业经历里，面膜是其中一个做得最多的行业。
可能是早期为"可采"眼、面贴膜成功做了包装和推广，业内奉为经典，有产品要入市，
都想办法要看黑马有没有合作的机会。一个当年代理"可采"的北京经销商，
想开发一套海洋概念的面贴膜。于是改了个名字，叫"第一海洋"，并做了个海星的图案作为标志。
标志做出来了，但客户不知什么原因又放弃了。此后，他就成了另外一个牌子面膜的代理商，
商标的图形就让我注册了。"海星"只是个说法，这个商标只注册了图案，并没有名称。
海星商标以海洋生物填充在一个活性的海星内，海洋生物有植物也有动物，做得很用心，感觉还耐看。

SRUEPA
和漢花

韩后

尚庄牌面膜（化妆品）商标 /2004 年
韩国的本土知名化妆品牌，定位最年轻的牌子是全英文，定位稍长一点年龄的是中英文并用，
偏大年龄定位的全是中文。在韩国，传统或有传统的时尚商品，都以有中文标注为最高的级别。
这状况到了中国变样了。
　　"尚庄"是来自韩国以五色土作原料由温州生产的涂抹面膜。因为概念和原料均来自韩国，
而生产又在中国，所以对商品的包装有相当要求，甲方认为一定要让消费者认定这是韩国的商品，
丝毫不能给人以中国商品的印象。所以在品名、商标、包装设计上都尽全力去中国化，
力求让中国消费者认定这就是韩国货。把品名改成韩国的味道，把中文设计成韩文的风格，
这些看似表面的功夫正是配合品牌的韩国化。包装设计从定位的改名入手，
其实已超越了常规设计师的工作，设计师已参与了商品的开发，其贡献在于制造销售的方略。

急救美容面膜（化妆品）商品定位广告推广标志 /2003 年
任何商品上市都有销售压力，美即面膜上市时也是这样。
于是，当年美即面膜用了"急救美容"的概念，
在营销终端做了一些促销的"急救美容"的牌子提醒目标消费群：
假如明天你要光鲜地出席一些场合，而你又觉得自己脸面无华，可以选择用美即面膜来"急救"。
老板当时告诉我，美即原来的起名，就是有"立即美丽"的意思。
我当时也在回忆，是这样吗？因为这个品牌从起名开始我就参与了，我只记得创想品牌的那天晚上，
有五六个人参与，到最后很多人都累得不行，聊是聊了很多东西，全是虚的，有落实的吗？
看来做老板的比我细心，可能真有其事，可能是后来他脑袋完善的。
十年以后，有谁还能回忆清楚，又有谁能站出来证明，只有上帝知道了。

상장

尚莊

急救美容
EMERGENCY SKINCARE

富林商标（日化）/1996 年前

很早的时候我就认识当年"两面针"牙膏的老总，但并没业务可做。
某天听说他离开了单位，后来他找了我，让我为他设计一款牙膏。因为他熟悉这个行业，
也想在这行业打个翻身仗。我说要创个牌子不容易，如要走捷径，唯有出卖你自己了。
在确定让黑马设计后，我就把他的头像做成了肯德基爷爷像，连牌子也用上了他的名字。
能看得出他当时很兴奋，一个国有老大，转眼把头像弄成了私有商品，至于能否成功，
当然不是你我兴奋可成的。
包装完成后十多年，我再也见不到他了，市场上我也从来没见过这牌子。

广州宝洁有限公司真伪手册（日化）标志 /1998 年

早在 1990 年左右，黑马就有幸和 P&G 合作。
因为那时 P&G 的商品海飞丝、飘柔、玉兰油已进入中国大陆市场，
但为它全球服务的广告商因国家还未对外资广告公司开放而不能进入，
使得黑马可为 P&G 在线下的活动做执行。
也是缘分，尽管在 1993 年以后，外资广告公司已经进入大陆，
黑马依然可为其做些公关类的设计，尽管那费用外资广告公司不屑。
这标志主要是配合主题，和商业传播无关，感觉同样是重要的，但没有符号传播的使命。

广州宝洁龙年贺年卡（日化）标志 /2000 年

贺年卡是一项费用不多，但每个企业又相当重视的公关项目。贺年公关，包括庆祝活动、宴请、送礼，
最小和不可缺的就是贺年卡。每位有资历的设计师，一辈子应该会在不知不觉中做了很多贺年卡。
这是为广州宝洁龙年贺年卡做的标志。中国龙年，也用了中国的元素，用了火龙的元素进行设计。
每个企业如果能在贺年形象上作统一的规划，这样的形象影响力会大得多。
可惜，这只是设计师们的愿望，基本上客户都做不到，特别是大机构，各部门干各部门的事，
真没见过有做到的。其实要做到也不难，可以用主题概念作指导，以贺年标志作贯穿。
这看似很专业，实际很人文。关键还不在设计，关键在控制贯彻之中。

康华牌（日化）商标 /1986 年

用字体作设计，早在二十世纪八十年代初我就开始实践了，
用毛笔字作商标大约也是受了日本设计风格的影响。
多少年后，我才知道"康华"是家相当有背景的商业机构，
当时敢用毛笔字来作其商标的字型，胆也真大。
同时，也能看出这家机构对视觉管理的态度。
没有规范，不可想象。

家庭及个人用品项 | 113

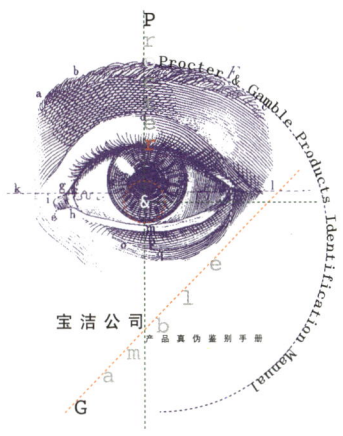

黑之润洗发水（日化）商标 /2000 年
江西的一个品牌，名字是甲方老总的构想。
黑也是和健康头发的特质贴切，又黑又润，功能功效尽在商标表述中。
把品名与功效紧扣，这也算是小品牌改名的思考之路。
这老总原来是我的客户老板，后来成了我的老友。
他在营销界多年，培养了一个爱好和特长，就是为标志起名，
其能量我想已是国家级的水平，但由于不在广告和设计圈，所以知道的人有限。

艾白洗洁净（日化）商标 /2003 年
商标"艾白"取其谐音：爱白。
商品类似广东的高富力洗洁精，主要用以清洁碗碟、瓜果。

月月红牌洗衣粉（日化）商标 /1999 年
在成熟的社会，成熟的客户找广告或设计公司服务，先要进行对乙方的摸底，
上门时大约已经清楚所选择的乙方能干什么，然后把价钱落实好，双方所需的工作就可以进行了。
无论在任何社会，客户也有成熟和不成熟的。
改革开放之初，不成熟的客户居多，如今已有很大的改观，但不成熟的客户依然还占多数。
成熟的客户清楚地知道自己要什么，也知道找什么样的机构为其服务。不成熟的客户同样知道目标，
但在实现目标的过程中期望总比预想要超出很多。这类客户我接触过不少，开始是找你做产品包装，
项目交接好后客户越过营销规划、广告策划，直接要求广告表现。
客户的想法相当完美，不但要求做包装，还要做传播的方方面面物料，
而我却没见过这类客户有最终成功的例子。太把创意看轻了，结果销售上不去。
看似省了费用，实际上也得不到什么超值的东西。
这轻重很多不成熟的客户当初是很难想象的，等到惨痛教训呈现后，痛心不已可又是不可重来了。
这也是由于黑马打着"游刃在广告与设计之间"的理念，
使得找黑马的不成熟的客户有了很多又要做设计，又要包广告的幻想。
月月红是湖北的一个洗衣粉牌子，这个客户很实在，就是指定黑马做包装。
做包装没有和广告策划作对接，也还是有问题，因为美感有很强的主观性。
如果从包装设计开始，其表现的元素能借助广告的爆发而成为受众认识的符号，
将来商品在市场上也就可以有品牌传播的功能。这一点的建立，正是商品传播的专业核心价值，
专业上认知的差异自然会影响学识和实践的差异，相信不是能完稿的公司就可以实现的，
但又有多少人会承认和认同呢？

 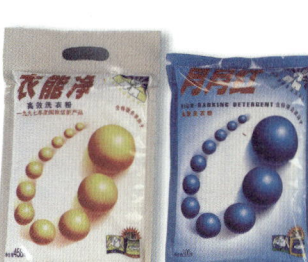 

咪咪牌商标（蚊香）/ 1982 年
圆圆的盘香里面加一个猫头，这件 30 年前大学刚毕业时创作的商标，至今我还喜欢。
那是一个疯狂设计标志又丝毫不讲报酬，也没法讲报酬的年代，居然也留下了些不错的作品。
猫头和猫身由两层圆圈组成，平面中有立体，这正是传统平面设计的难点。
这又刚好符合盘香层层相叠的产品特性。
单纯，是那个年代最可贵的表现，其实延续到今天又何尝不是。
这点能力在当初广州设计界相当难得，这也算是个见证。

铁将军商标（锁具）/ 约 1985 年
这是印象中我设计时间最短的标志，好像只用了俩小时。
那时，我在广州市广告公司当设计师。那天，业务科长黄炳昭很兴奋地跑过来对我说，
一个让你发挥的机会来了，马上给一家锁厂做一个商标，要快，客户急着等注册。
我说，有那么急吗？做字体时间可来不及。黄科长说，那就不做字体了，做个商标（图形）就好。
那天上午，我也真像个抢修工一样，完全手工，一稿做成。
铁将军的形象，也是概念中的中国古代将军的形象。像张飞一样留着大胡子，戴了顶头盔，
有着将军能保护的威严感。一将当关，万夫莫及。想来也是客户当初的立意。因为时间很紧，
在完全没有找资料参考的情况下，凭日常形象积累，凭手绘能力居然也完成了。
自那以后，我也再无缘接触这个商品，虽然很多场合都看到这商标，那份有如母爱的感情，
大约也只有我自己知道。

金鸡商标（艺术蜡烛）/1982 年
那年月，英文不能注册，但凡要配中文的字母，全是汉语拼音。金鸡的拼音字头，全是 "J"，
"J" 就成了构思切入的元素。艺术蜡烛多是有造型的蜡烛，
用象形的公鸡头可以很形象地表现商品的属性，鸡冠做成火焰，太形象了。
记得我第一次到香港的时间是 1985 年，黄国强老师介绍我去找其时当红的平面设计师何中强。
到了他小小的设计室时正遇他很忙，把我撂在一边。当他忙完，了解到我是他的同行后，
二话不说就要我画几个商标给他看，看完以后他整个人的态度都变了，像是找到了知音。当晚，
他还带我到他兼职的大一艺术设计学院，让我和他唱双簧教课，并让我把我当时设计的商标，
比如这个金鸡商标，画出给香港学生们看，还说我是内地最前卫的设计师。
那时，我也很陶醉在这设计的成功感中，
很感恩能认识一帮曾经对中国设计做出贡献的香港设计师（尽管当时他们还对内地的设计有偏见）。

日出印象商标（眼镜）/ 1991 年
自创品牌是很多创业者的梦，大多数人在经济发展的早期，只看到成功品牌表面的光芒，
比如都有一个好的名字，有一个好的形象系统，于是也就觉得怎么样做也得要先取好一个名字。
也是朋友们的推荐，某天两位从事眼镜销售业务的年轻人找到了我，要我为他们想一个品牌，
做一个商标。
日出的印象是源于印象派莫奈的名画，也是印象派最有代表性名画的画名。
给不是学美术的人听起来都很有文化，一提出就被接受了。
双八字是广东人喜欢吉祥意义的形，也构成了眼镜的基本造型。矛盾空间的上下两个半弧，
刚好让可能死板的双圈活了起来。

家庭及个人用品项 | 117

办公用品及设备项

学习用品
办公用品
办公设备

中南电脑有限公司（电脑）司徽 / 约 1984 年
当年有个表弟在中山大学读书，毕业后只身到广州附近的南海地区创业。
某天，他踌躇满志地来找我，要我为他创办的公司设计司徽。
公司是中山大学和南海联合开办的，股权各占一半，是家设计、生产电脑硬、软件的企业。
司徽以左右两个"C"与"中"字构成一个立体状的图形，
以矛盾空间的处理手法，表现企业及产品的现代感。
中轴线对等的设计，以及左右两个"C"字，
表达了合作机构是在平等互利的基础上，共同奋斗的诚意和信念。

中侨广告彩色印刷公司（办公用品）司徽 /1985 年
用字母或一组字母做商标，在 20 世纪 80 年代也算是很前卫的设计。
多字母的相似性能形成节奏感，
能给受众留下有记忆的影像。这当然要看商标"先天"条件了。
刚好，此商标具备这条件。设计中以两个"O"作主体元素，
把其中一个"O"完整地置于图中，把另一个"O"破成两半，
左右各置于一边，识别性和可读性也随之而成了。

文房四宝商店（文具）店徽 /1986 年
当国门打开后，我们才发现原来境外所有的商品和商店都有标志，
在商业社会中，这标志就像一个人的面，没面如何在市场行走？
于是，标志就满天飞了。这是一个还没想到店名，光有创业想法就急着要做一个标志的状况，
这也是那个时代留下来的一个痕迹，今天看来，不可思议。
这个标志采用中国窗花的结构形式，其中的组合是以四个"4"字组成，
含有销售中国文房四宝之意，其中"4"与"4"字之间的沟，
也是生意兴隆通四海、财源广进的意思。

COC

金鹏牌（电子商务办公）商标 /1999 年
以动物作题材的商标有其认知的国际性，因为地球的动物是人所共识的，
用它作为商标图形比文字要容易认识和有很大的可塑性。
所以为国际性的品牌开发商标，动物可以作为第一考虑元素，
接下来才是国际通用的数字和文字，区域文字或很有意义的文字倒应放在最后考虑。

深圳市华源实业有限公司（办公用品）标志 /1990 年
以 "H" 为原形，加之放光构成。这是家生产电脑软件的高科技公司，成立不久就在深圳上市。
方形是当时电脑光碟的产品形状，中间套入了字母 "H" 作为形象识别的记号，
规整的手法，可给大众带来稳定和安全的启示，
这也是权衡标志动与静在企业属性上要传播给受众的思考。

富利色带（办公用品）商标 / 约 1995 年
在 20 世纪 90 年代，珠江三角洲有很多企业都动手自创品牌，成活和做得大的少，
半死不活和难以成活的很多，这情形一直到今天。
这作品也代表了众多珠三角创品牌的企业，难得的是他们在品牌的始创阶段，
已经请到专业公司来认真做好品牌的基础形象。
品牌成长当然不只是设计的工作，但把形象基础打好对品牌成长绝对是件好事。
这观念在今天愈来愈被企业家认同了。

维清（办公用品）商标 / 约 1990 年前
单个英文字母"W"作为图形的设计方案。
设计方案有改革开放之初的痕迹（以纯单个英文字母作设计），
关键点是对图形美感和个性化的处理。
这在视觉传达中属于基本功的表现，当然里面也有对于美感悟性的输出。
美感悟性属于很个人的天赋，
这开启的难度设计要比绘画容易并可行，
如属艺术的高度则应该放弃了，因为艺术的悟性纯属天赋，
培养不得。
单字母的设计形式往往大于内涵，
如在商品的属性上有所关联，即可给商标加分。

3 角舟（文化产业）标志 /2007 年
地理得知，大海入口处肥沃的冲积地带都会形成三角洲。
"三角洲"自然是个好词，可惜这么好的专有名词是难以注册的。
于是，用谐音设计，用设计好的图形注册。
注册商标的唯一性，使得如今要选一个好商标的名称是难上加难。
建立一个品牌本来就是一件很难的事，
如今要注册一个好名字的商标同样是如登天那么难。
天啊!

路演爸爸网络商标（设计稿）/2014 年
是由于名称注册不了，而放弃了这个设计。
纯粹从字体上来看，这是个好的设计，
无论是单个字形还是组合字形，其个性都相当明显，
尤其是在路、爸爸这三个字上白块蓝撇的表现，
有相当强的符号感，过目不忘。
如果说能注册的好标志像一个有生命的活体，
为成就品牌的建立预设了更辉煌的前景，
那么不能注册的好标志就像一个珍贵的标本，
同样为我们在设计的进步上带来有益的启迪。

Triangular Ark

保健品及药品项

保健品
药品
药业
医疗器械

国药公（保健品）商标 / 1998 年
这个名字很强！在保健品上用这个商标，做保健品的朋友一定清楚，其渗透性真的可以很强。
用个头像，用似是而非的古人头像做商标图形，当然会给商标的历史感、可信度加分。
商品如果不靠广告而能赢得销售的成功，这商品本身就应该很强。
很强的商品，品质会说话，包装会说话，把包装按广告化做，就是要让商品在终端自己说话，
会说话的商品包装，商标自然希望做得很强。

健齿茶（保健品）商标 / 约 1995 年
记得这是为一款叫盘王牌健齿茶做的包装设计，因为商品是走汉方路线，
所以在包装设计元素上都采用了中国风，品名也用中文类毛笔字的写法，兼含有植物元素的感觉做造型。
对文字的热忱，相信是中国设计师普遍的情结，无论组字的方法是写、画或造，骨子里的爱是共同的。

生态美牌（保健品）商标 /1997 年
那年，有一个走红全中国的口服液，叫三株。三株有句全国知名的广告语，叫"有病，找三株"。
在三株开始滑坡时，三株的一个新品牌"生态美"的经营团队找到了我。
记得当时是在广州珠江宾馆见的面。生态美的两个高管，听说也是从三株的营销团队出来的。
在了解了他们的诚意后，我提出了两个要求。
第一，生态美在消费者认知上应该和三株没有任何关系。第二，生态美的商标要重做。
他们回去后，很快就签订了设计合同，很快也回复我。
三株高层已决定分离三株和生态美的任何表面关系，
但原商标上"生态美"三个书法字不能变，在不能改变字体的情况下怎么做都行。
显然，第二条决定是对品牌不负责任的，黑马也只能死里求生。
对于一个假死的生命是可以挽救的，对于一具死尸，恐怕神仙都难有回天之术。
设计师更没有这本事了。每当看到这标志，我总是叹息。

PANKING HEALTH TOOTH TEA

桑葚口服液（保健品）商标 / 约 1995 年

这是一套桑葚口服液包装设计的核心图形。

桑葚是桑树上结的果，以此原料做口服液有保健功能。问题是客户原有的商标与这商品毫无关系，
要把商品的主要卖点在包装上显示，当然要以商品原料可视的原形展现为佳。

于是，有了这个图形的设计。

娇傲牌（保健品）商标 /2001 年

记得客户是武汉的一家当年做得很大的保健品企业，企业销售上去以后，开始考虑扩张。

大老板当年和我沟通，在半个小时的对话期间就注册了三家公司。

这是一个疯狂时代商人的表现，之前之后我再也没看见了。

上得快下得快这是当年企业成长的特色。

这个项目从商标设计切入，原来承诺要给黑马设计的商标旗下全部化妆品项目都不见踪影了。

至今，我耳边还响着那老板当年对我说的话语：

"有什么生意好做的？""有什么好名字可以去注册？""我马上去注册这公司。"

智灵牌虫草制品（保健品）商标 /1997 年

二十世纪末做虫草产品大约还卖不了太火，如今类似"极草"的虫草产品的销售额已经是天文数字了。

当年的做法还是走传统口服液的路线，意识不新，推广不大，要想产品热卖根本不现实。

有一个常识，要想商品热卖，要找对人，要有钱。以为找到一个设计高手，
把包装设计做好就能热卖的想法，我想在如今成熟的商战中，很难有市场了。

营商和打仗一样，格局很重要。

格局就是规划，放弃、放弱规划，尽管细部没缺点，也不会有大的长进。

锌维的钙（保健品）商标 /2005 年

做品牌商标和商品商标是有区别的，甚至是有本质的区别。

品牌商标在文化上会考虑很深，而商品商标最重要就是卖货。

商品商标随着销量的扩展能不能也上到做品牌的高度，
这是谁在做商品之初都无法想象的。

当然，这到时也可以调整，但对于品牌的成长在成本上肯定会加重了。

品牌上不去了，要回到做商品有没有可能？

有可能，但这可以说是定位的失败，走错路要付出代价是必然的。

此商标一眼就能看出是商品商标，而且是很有销售压力的商品商标，
商标本身就包含有商品的原料、品质，而且就特指单一的商品，诉求极为单纯。

用牛奶做的富含 CPP 和锌的钙片，太清楚不过了。

红常青牌羊胎素（保健品）商标 /1998 年
深圳的品牌。在保健品兴盛的年代，每天都有新的保健品诞生或死去。
这商品改了一个很文革的名字"红常青"，
有年纪的人都会想到"文革"八个样板戏之一《红色娘子军》中的党代表，洪常青指导员。
为什么当初会改这个名字，为什么原包装做成一般口服液的扁盒子，
新到任找我的营销主管也没法和我交代，他只知道商品销量在下滑，
可否通过包装的改造和推广，能让商品焕发活力。
我想，这也是老板对他的期望吧。
羊胎素本身就是西方概念的产品，为什么要起一个中国名，又用一个传统保健品的包装形态，
这本身就是定位的错误，原来还能销售已经不错了，要保持和走向领导品牌，根本是不可能的。
所以在接到项目时，在概念上我就把其中国定位改为西方、欧洲定位甚至是瑞士定位。
包装上只有黑白两色，有奢侈品和西药混合的样貌。
瑞士羊胎素的治疗，最高级的是用黑山羊，所以黑山羊是要上的，但要感觉是欧洲的黑山羊。
从英文品名上发现，7 个英文字母，有 4 个 E，这 E 的重复出现对于现代感和记忆度是有帮助的。
把调整后发现的元素系统地串起来，就成了商标，也可作为包装的主画面呈现了。
定位改变了包装，包装强化了定位。

素素牌（保健品）商标 /2004 年
中文双字在设计上，最好是能遇到两个相同的字，这样的设计容易简洁，传播的效果也会自然叠加，
如"太太"之类。在字体的结构上，复杂一点的、对称一点的也容易设计，如"曾""蔡"等。
如果笔画少，字又不对称就比较难设计了，如"毛""于"等。
当然，对于双字设计而言笔画少难度还不算大，因为可以拼字，两个字拼起来也就可以结合得复杂些，
也可能有机会做得好。设计"素素"这两个字是得天独厚，它是两个单字的组合，
单字的结构也很整体，以规整的笔画去结构就可以做得很好了。

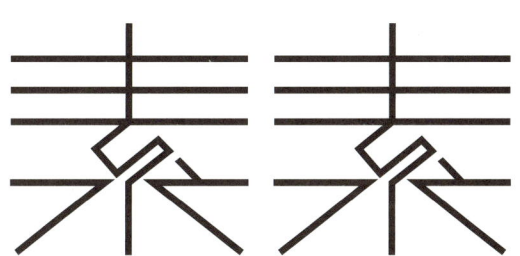

香雪（药品）商标 /2003 年
记得在 2003 年春中国暴发了一场 SARS（非典型肺炎），疫情公开报道的第三天，
我给香雪药业的老板传了一句话，我说赶紧做广告，广告上什么创意也不用表达，
就把"抗病毒口服液"的药品摆上，因为包装上都有文字。
老板当时远在美国，他说我也是这样想的，交给你，赶紧办。也是疫情需要，药品一时供不应求，
香雪一年卖了三年的药。当时我到香雪时，看到那里的员工是真正的忙，三班倒着做。
看着身体透支的总经理，我说你千万不能倒，要注意保护好自己。
这个商标大约就是老板当年授权委托黑马执行的。
做药天知、地知、心知，用心和有爱心是最重要的，我想是这样吧。

喜素牌（药品）商标 /2001 年
文字设计最重要的是通过对所用文字的分析，找出有同一性的笔画、字形进行对商品、
产业有关联的强化发挥，让其商标产生鲜明的个性。
如有相同的字或几个字中有相对对等的笔画是最好的，如果没有就要借字发挥，
要造出相同或有个性的笔画了。
比如这个商标，就是在中文中寻求了一画作为强化同一性的表现，并把横画做成了个笑嘴，
笑嘴和喜字形意相同也是配合，把笑嘴一画放到拼音之上，也是考虑拼音单独用时形象的一致性。

江西半边天（药品）商标 / 1998 年
"半边天"是现代流行的一个词语，原词出于毛泽东之口。
此词特指在新中国妇女得到了翻身，能顶起半边天的作用。
以这个命名来做品牌，除了表现产品针对女性市场以外，还蕴藏着更深的含义。
商标把"半边天"的中、英文融在一个图案里面，而图案的整体就是一个商标。
商标以中国古代的书卷纹样为基础，糅入了云形图案，把"半边天"展示在整个图案之中。
"半边天"三个中文字是请大漫画家廖冰兄写的。
当时，我为此事专门到他家相请，他非常爽快答应了，而且立即动笔挥写。
当时我提出一定要署名，以视真品，并在他抗拒的情况下留了三千元。他开始是坚决不收，
嘴里还不断地说我："不要，不要。"我说："你的助听器坏了，
把这钱拿去买一个吧，而且这钱是客户的，不用我出。"
那天，廖冰兄很开心。

保健品及药品项 | 135

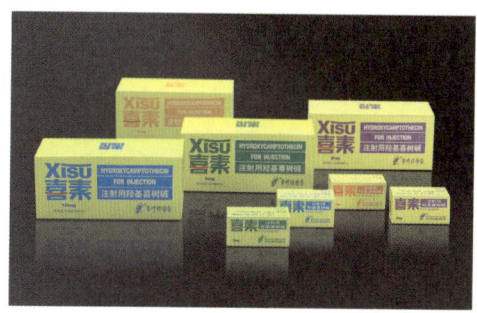

仔仔乐（药品）商标 /2010 年
纯粹就是一个药的商标，只考虑了两点：
一是特别性。希望未来在传播上有特点，
这也有赖于商标的起名。起名特别，表现单纯，这两点"仔仔乐"做到了。
二是商标要能压得住包装。
包装设计相对商标而言是个未知数，提前设计的商标要考虑好这一点。
于是，在颜色的设计上就要有超前的考虑。
用黑和荧光橙这两色，无论在压包装底纹还是
在包装上跳出来，应该都是有利的。

益气（药品）标志 /2004 年
大约是为山西中药厂做的一个药品包装盒上的字体设计。
在电脑出现以后，成就了很多设计师，也毁了很多设计师。
这成就是要打双引号的，因为电脑，
因为字库，很多原本设计不怎么样的设计师一夜之间好像做的东西也像模像样了，
这市场一夜之间出现了很多设计平庸、特点不强但还规矩的东西。
毁了很多设计师，是因为设计师再不深究其中的设计细节，大量行货充斥着市场。
这里把原本不起眼的包装细节字体排上，目的就是告白天下，
设计不全是编排，细节的设计其专业性会对我们的能力是一个考验。

定坤丹（药品）标志 /2002 年
山西中药厂的一味妇科老药，包装上要出现象征女性的符号，很自然就选用了凤凰。
龙和凤凰的图案在中国分别象征男女，
虽有帝王之尊的形象，但要设计得有现代感很难。
因为这类图案在中国人的视野里见得太多，审美早就疲劳，
如果做得出位，又怕不够经典。
要两全其美又不失其经典造型的，要么在造型上寻求突破，
这点不易，要么把图形尽量做好，然后作符号化在包装上缩小放置。
从包装上看，大感觉是有传统的时尚，小局部藏有经典。
这个标志就是基于这样的构思设计的，权当是个印章。
在做好包装的整体后，把图案当印章盖上就好。

火鹤兰牌妇科洗液（药品）商标 /2002 年
中国人信风水，中国企业家在为品牌改名字的时候有讲究笔画的，
讲字意讲笔画只是讲而已，但与把项目做到成功不一定能画等号。
这类案例我见过一些，由于老板相信此道，作为设计师也真不好干扰。
"火鹤兰"这名字术数和笔画肯定是极好的，当初开发这个产品的老板是极认真算过了。
迫得我在改名字时，真正是左右为难，名字最后定得千辛万苦，
定下来的那刻，真是畅了一大口气。
极好的商标，极好的包装，但并没有成功。
原因可以写一本书，这大约和设计和改名无关，和市场当然关系很大。
当初，各岗位的人都用心投入去做了，应该非常用心，包括改名的老板，都应该得到肯定。
把欧洲传统的徽章做盾牌的现代化处理，由于是女性商品，
主题图等也往柔和去做，创造经典抗菌的可信、可靠感觉。
对此，把"火鹤兰"三个字做强，希望带出商品功能的力量感。

华纳凯林泡腾片（药品）标志 /2005 年
药品广告和包装在视觉表现上有其规定，功能不能做得太直接图像化，也不能直接把患者表现出来。
这是一个治疗性病的药，你说该如何表现？记得在 2003 年我到日本参加世界平面大会时，
听日本设计师浅叶克己讲过一堂关于岩画、东巴文的字体讲座，
也曾看到纳西族东巴文上有描绘性交的图形，
我是依据这个图案进行了符号化处理，最终形成了一个可辨认、好记忆，
而且在审查上又可过关的符号化图案。

中国包装曾经有过垃圾时代，遍地垃圾，没有设计。
很快，中国包装就进入了过度包装时代，
极尽奢华的包装，拉高了商品的销售价格，浪费包材资源和增加了环保压力。
如何让包装回归到真、善、美的本质，正是我们现在要重视和支持的课题，
而实际上我们的认同程度、宣传力度和执行的自觉性如何呢？
文化，应该是可靠的依托点。

你我康牌（药品）商标 /2003 年
一般对设计的理解，是通过专业的手段把常规物体制作得不普通，
而这个过程，往往要设计师应用其不一般的手艺去动"手术"。比如：设计物体，设计字体。
动手是看得到的设计，动脑则是藏在成果和手艺之中。
高手的设计有可能是特别明显的设计，也有可能是不露痕迹的设计。
有设计的好设计不易，没有设计的好设计也难，难在试图用脑设计，而设计痕迹又要隐藏起来。
你我康的商标属于去设计的尝试，借用常规的字体，或对字体作看不见的调整，
主要的变化是在"我"字的一点红上。
因为这商标使用在制造和销售维生素的丸剂产品上，
所以配合包装和推广，这红圆点看来也是合适的。

保健品及药品项 | 139

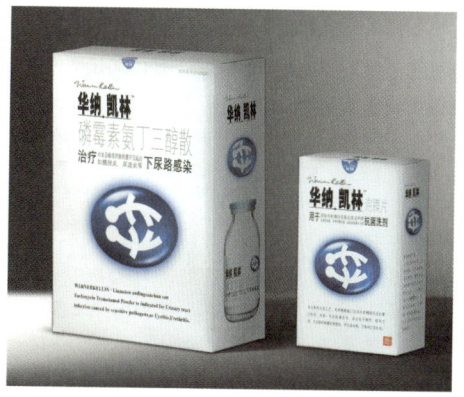

雷停牌（药品）商标 /2003 年
2003 年某天，一个来自哈尔滨的电话打来了，
说是在《国际广告》杂志上看到了我有关品牌基础系统建立重要性的观点，
他表示很认同，并力邀我参加一个有关治疗鼻鼾的药品开发工作。他说他的技术是世界级的，
如何转化为商品他正在学习。在他的盛情邀请下，我到了哈尔滨。
当然，什么也看不到，看不到生产厂家和生产基地，只是看到市中心某栋老房子里有他的办公室。
房子有什么好看的，后来他陪我到中央大街、江边和太阳岛转了一圈。
因为心情不在那儿，还是要求赶回来，干活实在。
雷停的商标取意是如果睡觉鼾声如雷，用此药能让雷声止住。因为要让商标的闪电更突出，
所以闪电图形以外的所有文字笔画就有意做得平些，这样的一动一静处理，
希望能带出商标表现药品功能的关联性。项目最后落实给黑马的是策略定位和做一款包装，
包装提交生产及销售展开后，也曾听说卖得不错。
客人很快就把总部搬到了北京发展，但往后就再没有了声音。
这大约也是中国设计师开展项目的宿命，有如一夜情的一单业务之情，
尽管可能合作时激情万丈，合作完各自也就成了陌生人。
唉！

鼾立停（药品）商标 /2003 年
从事设计和广告久了的人都有这个体会，不管你情不情愿，
往往在某个时候你会接连不断地做某一类的产品，有些经营者后来就一辈子做了某个行业。
就我认识的朋友中，有专门从事烟、化妆品、药品领域推广的，像黑马也曾在某几个时段，
基本上做某个领域的设计和广告推广工作，
如化妆品、个人清洁用品、燃气器、家用电器、电信、房地产、食品等。
不管你愿不愿，你做完了一个产品，来的又是同一类，甚至是原来对手的产品，这就是现实。
可能由于你在某个领域做出了成绩，客户找你觉得有保证，放心吧。
鼾立停和雷停是一个药品还是两个药品，如今都不记得了，
但可以肯定的是，这类药品黑马服务过的肯定不止一家。

立快妥牌（药品）商标 /2003 年
汉字和英文的区别，还在于单字结构上变化的可认性。
英文只有 26 个字母，单字的装饰性变化，怎么变还有个谱，
汉字就不一定了，常用汉字就有三千多个，每个字变一点就可能是另外一个字。
比如，大字加一点就是太，干字加一横就成了王，不但加一点加一横要小心，
就是笔画的弯度和长度的变化，也会影响字意的改变。
所以，在汉字的设计上比英文字要更加小心。
汉字的字体设计改变，一定不能影响原字意的改变，这是一个基本的原则。
如果字意还能辨认，怎么改都不为过。
"立快妥"三个字只是在"立"和"妥"两字上做了横画的弯形变化，
在原字意还可能辨认的基础上，这个变化是成立的。

雷停™

鼾立停

立快妥

宫毒牌妇科药（药品）商标 /2002 年
在做药品、保健品的开发和推广中，这辈子为女性产品做得最多了。
不敢说比女人更了解女人，但产品做完了一个又一个，这还不包括化妆品的类别。
如果说化妆品命名是走虚的线路，那药品、保健品的命名就是走直接的线路。
妇科药品最直接、最狠的命名就是直指子宫，
所以只要有可能，商人都会在品名里插一个"宫"字。
这商标的字体是做成有尺度规范的造型。
把药做成特别像药，或把药做成不像是药，这都是包装设计上的策划。
在品牌、包装的规划之下，再考虑字体的设计风格，这就是有系统的思考了。

宫净舒牌妇科药（药品）商标 /2002 年
在营销主导的中国市场，药品的市场开发优于药品的品质开发，
如果泛滥下去，超越功能的药品推广将无情地粉碎民族品牌。
也正是这种市场趋势，使得企业的着重点倾向了包装和推广。
这也是设计和广告从业员内心矛盾的地方。
如果药品有好的品质，而制造商又能重视传播的系统，这肯定是一个最理想的社会状态，
在我们各自做好本职工作的同时，这一天迟早也会到来。
"宫净舒"的纯字体设计的商标，不过不失，粗中有细，
但粗细对比很微妙，正是这种微妙带出了商标内敛的张力。

宫虚牌妇科药（药品）商标 /2002 年
记得是山西一个传统丸剂的妇科药。
因为是走传统路线，所以在商标的字体设计上采用了篆书形式的表现。
像天宫里，太上老君炼丹炉房呈现出来的古老中国。
道家气味，跃然纸上。

保健品及药品项 | 143

宫毒
gongdu

宫净舒

宫虚

参芪（药品）品名 /1998 年
画字，之前我在设计上也是多有应用，字画得不合常规，是故意的，后来也被认可了。
这品名的书写，算是证明。

原禾（药业）商标 /2002 年
原禾是经营美即（面膜）品牌最早的企业，企业最早的构想并不只是经营面膜，
但以中医中药为核心价值，生产以"养"的概念的女性美容品早就定为了宗旨。
商标以磬为原形，融入了 A 字构成。
磬为中国古代宫廷打击乐器，在清代皇帝朝会或典礼时，
设在太和殿檐下演奏，其清亮之声极为悦耳。
以磬为图，也是寓意祝福，用祥云配在磬上，更丰富和加化了吉祥意味。
企业做了十年后，到香港上市了。
看来这最早的取意，真是吉祥。

李时珍（药业）商标 /2001 年
这是湖北黄石的企业，记得那企业园子里就有一尊李时珍的雕塑，企业的名叫黄石李时珍药业集团。
商标原来只有文字，我是希望把李时珍的头像加上，这样特指性、历史性会更加明确。
头像是根据企业园区内李时珍雕塑的造型画的，这手绘功夫就是基本功，
有童子基本功的人做起这类商标，其实要比做几何图案的商标快乐和简单得多，
最后成型的效果也会有个性。
商标设计图形的多样性是和设计师掌握和了解表现的多样性成正比的，
视觉语言掌握得越丰富，能表现的宽度越大。

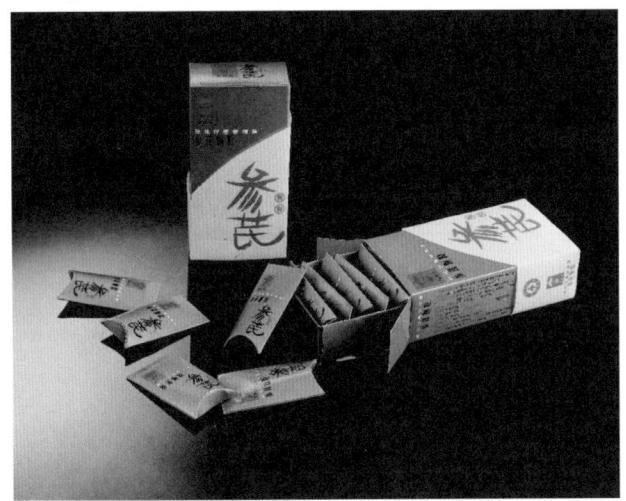

ANHER 原禾

复方阿胶（药品）品名 /2004 年
我特别喜欢澳门马伟达设计的汉字，他写的汉字超出了一般设计师对美术字的造型，
是美术字中的书法。这是我请设计师吴文波采用马伟达文字感觉设计的一组字，
吴氏深得马氏字体造型的神韵，可以说是复制了马氏字体设计的功力。
我相信，如果能把马氏的字体做成一组字库，
在标题的应用上应该有很大的空间，但应该不易。

龟龄集（药品）名 /2004 年
在日本，一些传统大牌的汉方药品、保健品都会用汉字醒目地标上。
而经典的药品通常会用隶书，其字体并不会作太多花哨的变化。
龟龄集是老方，是山西中药厂的老药，据说还是慈禧太后认可的老药。
所以，在造字上就采用了日本药品设计的思维方式，选用了隶书作一点字体的调整直接用上了。
字体设计的变化，当然不是随设计师的喜好而变化的，
市场定位影响的策略才是决定字体形态的根本。

今古通牌贴剂（药品）商标 /2003 年
今古通是消痛灸的商标名，消痛灸其实就是消痛贴剂，
取名灸是因为产品贴到皮肤上，药力会使皮肤有热的感觉，
取这名是为了区隔其他同类产品，避免同质化。
今古通是取其谐音，筋骨通。在中国，很多药品在改名时都喜欢把疗效作为谐音作商标。
大约这和中国文化有关，谐音作吉祥用语古来有之，用作药品名大约在这个时代最多了。
谐音基本要靠发音才能传播，如果光以视觉传播，
很多时候那种改成谐音的商标和品名还会令人莫名其妙。
因为药品常常是走经典、可信、可靠的路线，
所以商标的字体不会作太大的改动，用类楷书粗体字端正地呈现，
就是这款今古通商标的最初发想。

复方阿胶

龟龄集

今古通

华纳凯林牌（药品）商标 /2005 年
在美术字的表现上我并不以为繁体字或叫正体字有多大的优势。
简体可以强化设计的传播力。放下字的本意，就其设计感而言，简体字有些自身的优势。
要使字体有更大的变化组合，最合适的是两三个字的设计，
四个字已经是极限，多于四个字的词组，
就要设计出能让其串起来有系统感的形态，否则变化太大组字传达出来的信息过于疯癫。

阴炎净、七日舒清洁液（药品）品名 /2004 年
在医药领域有两块有很大利润空间的市场。
一是处方药中的特效药。
其药要有领先的科技，超越一般同类药品的最好效能，
在专利权保护期内，其高价和药品的垄断，一定利润可观。
二是非处方药，在看病难看病贵的现实下，很多人有毛病会直接就到药房自己买药解决。
这一块的药不全靠医生推荐，营销就变得很重要。
无论包装、广告、通路、媒介很大一块就是靠走市场，销量自然就和营销规划及执行直接挂钩了。
阴炎净和七日舒都是属于这类商品，
由于客户用心了，在品名细节的执行上黑马也用心了。

华纳凯林

阴炎净

七日舒®

珠海方济（药业）商标 / 1996 年
这是一个有军工背景，在治疗"尿毒症"方面有医学成果的实力企业。
最早定的名字叫"一方"，应该是有相同名字不能注册的原因，后来改作"方济 FANGJI"。
负责和黑马对接的是一位儒雅的女军医，非常有礼貌、有学识和讲效率，整个设计过程非常顺利和快速。
双方都非常满意。
商标以中文字体"方"及拼音字头"F"构成，其中图形更蕴含着一个运动的生命体，
寓意企业是为人的生命，为生命的鲜活而存在并发展。

中瑞康芝（药业）标志 /2000 年
为一个治咳的药品在做推广的同时，客户要求为其公司顺带做一个标志。
客户不肯花太多的钱，要求广告公司顺带做标志的情况在中国不是个别的，
在我的职业生涯中这事见得和做得很多。
而且客户都并不希望随便做，他们也想有很大的参与度，也想做得"光宗耀祖"。
客户说，要用 DNA 的三条螺旋线，用三色来作区别做成公司的标志。
想得不错，但不容易执行，也是费用承担不了太多的运作，最后只用一个设计师兼职地投入，
其结果并不理想。

海豚（玻璃钢划水风帆）商标 / 约 1992 年前
我怀疑一个设计师的成长，大约会做过无数这类标志，
规范、干净、表述清晰、主题突出并为大多数客商乐意接受，而又无明显问题的设计。
我曾经做过多少这样类似的标志，已无从计算，但那多是年富力强时代的作品。

房地产、建材及家居项

房地产
建材
家居

海棠居别墅(房地产)标志 /1998 年
这是位于广州番禺洛溪的一个有着二百多幢楼的别墅区。
我们当时是做全案策划,标志设计只是线下中的一个工作。
为了做好这个标志,我真是找了几盒海棠来写生,在接触海棠时,我才了解到海棠的品种原来有很多,
但我选择的是当地人最熟悉的这种海棠。
我擅长白描,海棠勾好以后就上电脑,让设计师再进行喷色加工。这标志也就用在印刷品上,
别墅区门口至今还挂着标志,但那已是金属材料塑造的,和这原始的设计差别很大。

洛湖居住宅小区(房地产)标志 /1998 年
一个只在报纸广告中出现的标志,而在报纸广告中,标志只出现在署名的角落。
这里让人不自觉地把小区标志和商品标志作比较。商品标志的应用较为广泛,可用在常态的商品上,
也可放大用在户外宣传或在其他物料中单独传播。而小区标志基本用在推广的物料上,楼卖完就完了,
除非是遇到一个特大型的楼盘,一个要卖上十年以上的楼盘,
否则标志的影响力客户一般都不全看得很重。事实上,
这标志在卖完楼后就不存在了,连在小区的墙上都看不见,只留下了个名称。
这也是一个在客户很强意识之下要求呈现的设计形态,名称清晰,以水为主。

芳华花园住宅小区(房地产)标志 /1998 年
乐于尝试不同风格的设计,正是设计师和画家具有的本质分别。大部分画家一辈子都在重复自己,
特别是到了某一高度以后,每天都重复画自己的风格的作品。
设计师没有这幸运,设计师如果只有一招,一定会饿死。每个商品都有每个商品的定位和特质,
很少有人只会想得出设计任何作品都是一个面貌。
所以,从这个意义上来说,有设计师经历的画家一定比传统的画家在创造性上要强大得多。
这标志也是想尝试用以往没用过的方法设计,这过程和结果其实很爽。
这也是设计吸引人之处。

汇侨新城(房地产)标志 /1996 年
一个以入广州户口为利益点的房地产项目,地点在广州机场路。
标志的设计其实没什么好说,为什么是现在的样子,其中表现了什么含义,我几乎一点印象也没有。
这楼盘是当年轰动广州热卖的项目,有两点记忆特别深刻。一是楼还没建好,
只是在广告上出现效果图就把房子卖掉了。二是广告语:十几万元有楼有广州城市户口。其广告语,
已经沉淀下来,成为广州房地产销售的经典语言。
在广告和现场表现更多的倒是项目的名称"汇侨新城",标志反而没有了记忆。一定要解释的话,
隐约中回忆起两个圆圈大概是楼盘中心的罗马广场。由此可见房地产项目标志的作用和地位,
怪不得中国的地产商绝大部分是不愿在标志上投入设计费的。

绿茵翠庭住宅小区(房地产)标志 /1998 年
楼盘标志的重点是名称要清晰,这有如路牌,装饰再多路名总要看得清楚。
特别是那些针对大众化居住的小区,因为小区针对的人太广泛了,无论年龄、性别、收入、文化背景,
不可能用过细的定位来框死。
在符合多元接受传播清晰时,以名称传达的小区特色在图形上就要有所表现了。
绿茵、翠,自然是传播小区的绿化;庭,有温馨的情感。绿化,可表现的有树、林、叶。
以折枝叶、叶里含种子(花),其绿、其翠、其庭、其茵的感觉自然就带出来了。
当然,两种绿,四点红,与白色相间相交,其品质也跃然而出。

洛涛居住宅小区(房地产)标志 /1999 年
标志是配合"水边的欧洲小城"概念,以及跟广告中恋水的情节是紧密相连的。
把小区旁的一条小河作为楼盘推广的重要卖点,这是推广上的夸张,
这夸张在标志以及所有宣传物料中都是归入系统并表现一致的,这才会形成合力。
当然,小区的品质、区域、价格、交通、管理都是非常重要的,这是发展商必须做到的。
有这些作为基础,加上对楼盘的洞察而制定的传播概念,获得满意的销售是件必然的事。
无中生有地制造商品,有的放矢地强势推广,标志只是其中的一个点,
但点和点亮的程度自然会有相反的推力。

白云高尔夫花园住宅小区（房地产）标志 /1999 年
全球有关高尔夫项目的产业不少，但能拿出来示范的好标志不多。
标志可用的元素其实不复杂，坡地、绿色、旗杆这三项是最主要的，其他则可融入项目的名称寓意。
正是这不复杂的元素，也正造成了设计标志独特性的难度。
这标志简练地表现了这三项元素，以动感的坡地试图表现出云彩飘动的概念，这倒成了标志的独特点。
至今，我还是认为这设计在这个类别中，应该具有经典性。

峰景高尔夫别墅区（房地产）标志 /2000 年
这是东莞一个很高档的别墅区，标志全用上了高尔夫项目设计的三元素，
特别处理的是把坡地做成了山峰式的自然型，这与别墅区处在山谷景区吻合，
给人以融入大自然中的感受。峰景的峰，与标志中峰的设计相配合，
这是设计师对命题、环境理解后的表现，能叫贴切吧。

绿茵岛水岸别墅区（房地产）标志 /2000 年
标志呈现的图像在现场当然看不到，就算到了概念相似的泰国普吉岛你也未必看到。
标志的表现，有时是实景提炼后的概括，有时是理念的理想视觉化。对于独特优秀建筑，
大可用前者的设计方法，对于相对同质化的房地产项目，用后者设计发挥的空间要大些。
相信"水岸"的提法，是我在广州房地产推广中最早，也可能是首次提出来的，
把水岸的概念在标志中形象地表现，这还不是设计好和坏一句话可以定案的。
别墅区哪有只种一种树？但把岛上植满了椰子树的表现，确实让人有心旷神怡的向往感。
好的标志，能唤起心灵的共鸣。

Guangzhou Baiyun Golf Garden
白云高尔夫花园

Hillview Golf Villas
峰景高爾夫別墅

Green Island House
綠茵島水岸別墅

南湖山畔住宅小区（房地产）标志 /2006 年

湖光山色众生聚正是此标志的构思。

楼盘位于广州南湖，发展商是希望以山、水、林木等城市罕有的自然资源为卖点，吸引消费者。

把山倒映到湖水中，突出的表现是森林中的动物。整个标志颜色上做得很单纯，

把主题要推的房子反而省略了。南湖的所在地，也有广州的市肺一说，这标志当然也是映射。

向往自然，是城市人的奢望。住在这里，应该有想象吧。

康桥绿线住宅小区（房地产）标志 /2000 年

这是一个楼盘升级版的新一期项目，为了区别前一期留下不太好的印象，

决定改一个新的名称做新的推广，这样也可以把价格做新一轮的推高。

这也是那时广州房地产项目推广中多用的手法。名称没有更深的含义，希望叫出来有点特别，

而且能为推广加分。"康桥"大约是康城的影响，有点法式洋味。"绿"是指绿化，和住宅舒适度贴近。

叫"线"而不叫苑、阁、园也是希望能有惊喜，打人眼球。因为是分品牌，所以标志不另作图形，

把字体做图案化处理，做成强商标的概念。

江南骏园住宅小区（房地产）标志 /2003 年

记得在我经营黑马时，有相当一段时间是全做房地产广告。由于地产商有钱，广告费占的比例也不高，

在房市好时，广州做得好的广告、设计公司没有不服务地产商的。房市最热时，

每天的报纸都是一版一版的卖楼广告，相信那时，其他产业的老板都会自叹不如。

这是一个在海珠区内的楼盘，记得基础设计一做完，广告出街没几次，楼就卖完了。

销售进度快得就像打针。当然，标志也是交给了项目组设计执行，我好像只是给予了一些意见。

记得标志是一个大写的"J"字，做成了绿茵环境，在暖暖的阳光下，有两个大人和一个孩子，

象征着和谐的家庭，表现出来的动态很是欢欣。

大约后来的描述是客户发现的。稿子很快就通过了，

不同的决策人，就有不同的作品，这和设计师有关，和客户关系更大。

Southern Lake Forest Hill
南湖山畔

森林半岛住宅小区（房地产）标志 /2005 年
这是在广州郊边一个叫翡翠绿洲大盘中的一个小盘。地产商要提价，
又不想让买家受同一小区原有楼价和品质的影响，通常就会把一个新的组团以一个新的命名推出。
地块没变，可能房型变了，在推广中就要根据目标消费群制作新的策略。
森林、半岛、庄园、豪宅，一看就知道是推大户型的楼。记得当时的推广包装，
把售楼部、看楼车和样品房现场都打扮成很多动物在游逛，不小心还以为是动物园在做推广。
这次推广还是很有印象，特别是看楼大巴和报纸广告，至今还有记忆。

碧海湾住宅小区（房地产）标志 /2002 年
这是位于广州珠江新城临江的几幢楼，也是黑马全案推广的项目。
由于楼盘售价较高，所以主题定作"贵族式的生活殿堂"。标志因而也就以欧洲贵族的徽号作表现。
也不知买家有多少人认识这样的徽号，在创作中我是参考了尽量多的皇家徽号，力求做到原汁原味。
在推广的过程中发现，由于不同的文化背景和开发商的销售压力，策划一落地，
马上暴露出除了贵的楼价和广告传播有贵族的包装外，几乎处处透出了与所谓贵族相反的族味。
形象本不对接的定位如若一定要强上，其结果往往滑稽。
定位不准，传播中多次调整，这会伤害品牌，影响销售。

金鹅银滩住宅小区（房地产）标志 /2002 年
这是位于广州白鹅潭景区附近的住宅项目，取名也想贴合景区，让受众有更好的联想。
白鹅潭景区是广州羊城八景中"鹅潭夜月"的所在地，传说中是珠江最美的一段。标志以天鹅入图，
以简洁的线条做光的表现，写实的鹅头和金色方形让受众直观迅速记住。"滩"的谐音为潭，
鹅潭就是这楼盘最大的卖点，简洁的设计是希望传达出楼盘时尚的信息。

瀚林苑住宅项目（房地产）标志 /2003 年
广州某小区内的新项目。历史上，黑马广告在那几年基本上只是做房地产广告。
很多客户看到我们做了地产，都认为我们已没兴趣和人力帮他们服务了。
这是看法，而实际也的确如此。当然，很多房地产的项目到了泛滥的阶段，
已没有多大的挑战性和收费空间，他们的楼同质化也很严重，
常规性的建筑和常规性的推广占了广州大半项目。这个项目也应该属于这类范畴。
最难得应该还是改名，什么好名都用完了。如果是北京的楼盘还好说，还可用些当代的流行语，
广州不好办，除了优美实在，就是复古了。这楼盘的名也算是复古，
为什么标志中间有支鹅毛笔而不是毛笔，这也许是设计美感的需求，也许就是无厘头。
这种不中不西、不土不洋的表现，你别说，正是这个时代的烙印。

威尼国际商务中心（房地产）标志 /2006 年
广州火车东站商务单体楼。
因为地处交通枢纽，且周边也是新兴的办公楼区，
在销售设计上，主要针对微小型的办公用户。
为了让这些用户在传播上有一个高端的说法，
因而设计了一个老外的名字"威尼"，并加上"国际"去强化。
整个改革开放，都是以硬件引入作先导，
三十年过去了，在很多领域依然改变不大。
这自然与本身的进步有关，但有些纯粹出于销售考虑，只是在放烟幕，
而实质上，客户卖楼还得看具体的价钱和能与之相配或能加分的品质。

和丰国际大厦（房地产）标志 / 2011 年
这是广州海珠区的一幢商务单体楼。
不同的客户对标志有不同的要求，常规的客户只要一个好看的标志，
有特别销售要求的客户则要求把从标志开始的全部物料都要以推广的主题设计。
标志表面上能给楼盘加分的吉祥形象，一般都能通过。
比如高度，比如金色，比如第一，等等，至于字体和图形的美感，客户基本上很难判断。
有两点客户基本上会坚持：一是图形的特别性，二是字体不能太小。
能符合这两个标准，看上去还算正常，一般都能通过，比如这个标志。

Hanlin Garden
瀚林苑

威尼国际
The International

HEFENG INTERNATIONAL BUILDING

锦绣香江住宅区推广（房地产）标志/2005年
把广告主题固化设计成传播的特定符号，在广州房地产的推广上并不多见。常见的是楼盘或小区的标志，
或者是新项目，或者是升级版的标志，把广告语设计成符号的也有，但通常处于从属的位置。
　"WORLD"是一个以世界观、世界级的主题作为锦绣香江新一轮推广的核心，
它不是一个新盘，也不是一个口号，它只是一个概念，
但把这个概念设计成符号以后放在广告中的位置比标志还大，还醒目，
而且在不同的广告表现中围绕着符号还引申出很多不同的广告画面。
也许在传统的推广中这个符号不好归类，但在以平面为主的地产推广中，
它不失为一种特别的表现方法。据若干年后的观察，能实行这一做法的行家几乎没有，
它依然在历史上留下了它曾与众不同的表现面貌，定格了。

金沙花园住宅小区（房地产）标志/1998年
我曾向地产客户们讲述，在房地产的兴旺期，黑马在广州的四面八方几乎都做过了房地产的推广，
每个楼层基本都是做全案策划和执行，案例的介绍也许会显得很枯燥，能留下来引起回忆的，
多不是广告，而是楼盘的名称，或许本书记下的标志也是一种有限人群的集体回忆。
这是一个纯粹以形式切割组合的图形。感觉像是一个传统照相机的快门，
实质上是分拆以后就是一个长方块右边切割成K字的单片，八个单片K构成一个图形。
为了不让单片的K字被淹没，特意让其中的一片用颜色加以区别。
用数理的标志组合讲究结构的严密性，这也是标志设计理性化的一面，
比例的标准和构成一定要一丝不苟。

金羊花园住宅小区（房地产）标志/1998年
以两只羊角带出了盛放的完满感，充实而丰满。
饱满的造型在传统的住宅小区标志设计的采用率几乎是百分之百，不要太强的个性，
就要得到大多数人的认同。普通人能认同的一定是可以言之为理，可以指认的形象。
比如羊是有羊角的。金羊，就是金色的羊角，金羊角突出了，
其他从属的造型如果只是从光芒上去解释，从金羊角放射出来的光芒去解释，
受众也就不会再有异议。如果，大多数人不会去提出异议的标志，也许也是中性的标志，
要想它有很特别的效果是不可能的。问题是这个楼盘是针对哪种对象？

金沙花园
KINGSUN GARDEN

GOLD SHEEP GARDEN
金羊花园

丽景湾飞行爱好者之家（房地产）标志 /2000 年
这是专门为广州滨江东路丽景湾小区推广时创造的概念机构标志。
丽景湾的推广主题为"水边的香格里拉"，为了强调广告推出的美丽江景的说法，
我们策划了很多看江景的活动，为了提升楼盘的尊贵，也注入了高尔夫的元素。
为了引起全城的眼球关注，我们策划了一个"飞起来看丽景湾"的活动。
租一架直升飞机放在楼盘前，受众可以坐上直升机飞起来看丽景湾的楼盘和楼盘前的珠江景色。
这个飞行活动也推出了一个学驾飞机的机构，把买楼的推广活动推到极致，
把影响力提升到全城所有楼盘之冠。
当然，能坐上直升机看楼的受众毕竟是少数，但活动的推力彰显了。

花街 18 商业街（房地产）标志 /2005 年
这是在东莞曾经辉煌的一条商业街的推广案例。花街 18 的命名，
源于香港歌星林子祥《花街 70 号》的歌名。
东莞就是香港的后花园，以东莞人熟悉的香港流行文化做传播，能取得事半功倍的效果。
18，是广东生意人最喜欢的数字，谐音为"实发"。当时取名花街也有反对的声音，
以为花街柳巷的怕沾上色情味，但也是找不到更好、更贴切的词替换名称，也就不再坚持了。
整个形象推广是由我们负责策划和执行的，记得还拍了广告片，是用了 3D 制作。
当时的定位为"东莞的清明上河图"，提法不新，但表现还新。
用飞起来的花仙子传播出花街商业的各种形态，听说过了很多年以后，东莞人民还记得，有了口碑。

广州白云国际会议中心（房地产）标志 /2006 年
这是广州最大的一个会议中心，建筑群是由中标的境外公司负责设计的，造型还很有特色。
标志开始也是以投标的方式进行了两轮，但没有一个中标。
两轮评标时我都是评委，但实在没有一个看中。
后来，主办方要求我做设计，并同意了我提出的设计费标准。
事实证明，甲方对我们评委是相当尊重、客气和照顾有加。
但当了乙方后，客户的态度马上有了很大的转变，原来像尊神，后来像条狗。
客户对我们提交的几套设计方案连看的兴趣也没有，只是告诉我，画个手就好了，
因为开会就是举手、鼓掌，听首长讲话，手是最重要的，你就按这意思去做吧。
标志最后是要省市主要领导审定的，但我根本见不到他们。设计稿是交由甲方的领导提交上去的，
如果他只提交他中意的设计稿，不提交我们认为好的稿，这是一点办法也没有。也是天意，
也是看在钱的分儿上，我们也不得不屈服，至于这个"手"设计得如何，我已经没话可说，这是客户权力。
在许多公开场合，我们从来不愿意承认这是黑马设计的作品。事实就是如此。

碧水天源小区（房地产）标志 /2003 年
记得这是一个广东东莞的楼盘，老板相当强势，
我不太记得这个标志是否出自黑马设计，但有两点是肯定的：
标志没有付款，给了项目的策划设计费用就把标志设计的活也要包了；
老板对设计的参与感特别强，他的决定几乎没有商量余地。
这当然是一个不好的设计，就标志的字体而论甚至可以说是一个不合格的设计。
亮出来的目的，是告诫全世界的企业家，设计师有可能在营销这个链条上有多处是处于无知的状态，
但在视觉美感上他会有他的专业修为，会有他的专业底线。
如果把这标志，特别是把这字体晒出来，相信没有一个设计师会承认是他的作品，
这揭示要命吧。

君悦香邸住宅小区（房地产）标志 /2006 年
长沙伍家岭地块的小区。用 "1" 和楼的建筑外形做组合构成的标志，
大楼立面的现代感算是一种时代的审美，内含 "1" 字是品质的追求。
在中国发展的某一个时期和某些受众群体里，能住上现代化的高楼大厦是一种指标，
这想法当然会影响到开发商的整盘策划和推广。标志，印记下某时间段某消费群倾向度的痕迹，
若干年后再看，这烙印愈加清晰。
从某种意义上来讲，这烙印比文字真实而不可篡改。

汇港苑住宅小区（房地产）标志 /2000 年
广州汇侨新城内升级版的最后一个小区。汇港的概念也是承袭了汇侨的大概念，
其中突出了小区是以港式建筑、配套和管理来实施的。看到标志标注的 "100% 港式屋苑"，
就明白了整个小区的发展理念，所以在标志上也加上了香港特别行政区区旗、区徽的紫荆花部分图像。
文字上鲜明地标注，图像上清楚地表明，名正言顺地打港式版，
让买家先入为主地清晰地把概念烙在记忆中。

金昌大厦住宅小区（房地产）标志 /1999 年
广州江南西路的一个普通小区。
在房地产热卖的年代，这类小区每天都有一定量的推出，楼盘基本体量不太大，
品相和品质基本趋于同质，
客户都有资金回笼的压力，因而对包装和推广都希望做得更好。标志意思也不是很特别，
颜色上用金以配合名称，图形上是一个金星的变形，而实际上是内藏金房顶，
围绕着金字顶作向上、动力的设计。客户主要着眼在广告上，对标志并没有太多的深究。

君悦香邸

Hui Gang Yuan
100% 港式屋苑

JIN CHANG BUILDING
金 昌 大 厦

万博中心商业城（房地产）标志 /2000 年
洛溪新城是广州城南洛溪大桥脚的新开发住宅区，属于番禺的地块，
也是黑马广告为其服务超过十年的房地产客户。二十世纪末，广州已有很多白领迁移到这地块居住，
最有影响的小区有丽江花园、南国奥园和广州碧桂园。也是十年的时间，这里已经没有土地可开发了，
于是往南推起了华南板块的热浪。万博中心是华南板块核心地带的商业区，
也是由洛溪新城开发商负责经营的项目。万博中心主要以出租大型商场的形式经营，
以吸引建材方面的客商为主。标志用于招商之初的推广和经营期间物业财产的标示，
以常规大机构的面貌表现，是标志的出发点，这大约也符合其概念。

万博翠湖花园住宅小区（房地产）标志 /2002 年
靠近番禺市桥的一块买地自建别墅的住宅区，标志是甲方经办人的要求。也是和这客户合作久了，
彼此都相当熟悉，每当广告要发布前，甲方经办人每天都到黑马盯着，实质上就是到黑马上班。
标志也谈不上有多大的创意，大约那里开卖时就是一块空地，
标志做得太简洁，唯恐买家"空"的联想会更加在意，所以标志一反对以往所谓艺术的要求，
尽量地填下了五颜六色的花朵。一个当时我还有看法的标志，如此我好像也想通了。

南国嘉园苹果城住宅小区（房地产）标志 /2004 年
这是广州南国嘉园大盘中的一幢楼，为了提价和提升形象，专门起了一个苹果城的新名称。
苹果城打的就是天河区的白领，苹果电脑当时刚热，在白领中也是时尚之物，
概念发展下去还可以有许多说法，所以就用了这个名，也用苹果的形态作了推广元素。
记得当时的楼书做成了一个苹果，打开就是两个苹果。楼盘的标志名称要做得醒目，这是最重要的。
如果能把标志图形和名称合成一体，在推广中也能起到互为加分的效果。有些设计把标志做得很大，
把名称做得很小的所谓唯美做法，其实在对大众的传播时会减分，所谓的美也就是孤芳自赏。
你以为如何？

中信君庭住宅楼（房地产）标志 /2004 年
这是中信集团在广州珠江南岸滨江东豪宅一条街开发的第一个豪宅楼盘。
如果告诉你，这楼盘的推广语是"竖起来的二沙岛"，
你可能马上就能理解这个标志的设计意图和传播概念。二沙岛一直是广州的富人区，
独特的区位、环境、设施和入住的人，一直是广州住宅的高端标准。
以一个高端标准的岛代入一个楼去做推广，自然会事半功倍，而且也能叫得震天。
这当然需要发展商去聘用一家从设计到推广全程参与的公司，才能保证策划、执行、传播的一致性。
或许，也可以先找一家做全案的推广公司，然后由它分步监控各执行公司，按理说都行。
黑马参与了很多前者的做法，也有不少案例。后者，会有风险，我也见多了，有好，有坏，有点靠赌。

方圆地产集团（房地产）标志 /1999 年
这是一个至简设计的作品，简化到概念的终极元素，一个方和一个圆的组合。看似简单，
实质已经到了很难再有调整的可能。我也了解到后来有人想对着标志作调整，结果并不理想，
无奈只能把标志作立体、单色的调整，想来这只是权利者自爽的行为。作为标志设计，
这已经是终极的呈现。作为概念，方圆的内涵可以很大；作为图形，方圆的表现应该简洁。
我想在专业上，这图形的简洁程度已经相当经典了。

南峰地产集团（房地产）标志 /2003 年
这应该是黑马团队设计的作品，也可能是太放手的缘故，我一点回忆的印象也没有。
我很怀疑这不是一个公司立项正式操作的项目，有可能是经办人顺带要我们免费做的项目，
所以项目组没惊动我，他们自己对付了。
我想也只能从南、峰、地产这三方面去理解这个标志，
至于有没有以客户的指令去做，我真的不知道了。

中信君庭
POST CHATEAU

中信会君庭会所（房地产）标志 /2005 年
一个豪华的楼盘，为了卖楼，在推广期必定要想出一些招数来迎合买家对奢华的认同。
承诺做高档会所是最常规的手法。记得在推这个楼盘时，
客户主管也曾找过当时的广东美术馆的馆长王璜生，也想探讨能否在楼盘内搞一个当代影像馆，
谈起来也是言之凿凿，结果当然是泡汤。不就是一栋单体楼吗，哪能承担这么大的责任和费用，
现在想来才知道当时的天真。中信会是一个大的概念，有可能包括中信集团所有的这类机构，
而君庭会所，则是在中信君庭这个楼盘建立的会所。都是推广中加分的项目，标志并不对外，
其形态做得像西餐厅和咖啡馆也就行了。

《中信生活》（杂志）标志 /2005 年
这是一本中信地产集团主办的信息类交流杂志，主旨是推广中信地产板块的品牌。
以企业活动的通告和记录为主，也有为企业的地产项目作推广。标志应用在杂志的封面上方，
也算作企业的一个媒体。

至尊门（房地产）标志 /2005 年
中信君庭是一个单体豪宅，至尊门是中信君庭楼盘里卖得最贵的那部分。
为了提升，有意设计了一个叫至尊门的概念，把面积最大、最贵的那部分划出来，
给了"至尊门"这一名称。除了名称以外，也放弃了前期对中信君庭推广的延续，
把力度集中在至尊门的推广上，这样对销售额的提升和整个大盘的拉动也取得了一箭双雕的效果。
用小区升级推广销售的手法，在单体豪宅中同样适用。商品的提价要换包装，商品房升价要提新概念，
要做新包装，其道理是一样。要提价，必须给买家一个新的理由，没有理由，谁会掏钱买你的账？

中信LIFE
CITIC

太古仓艺术空间（房地产）标志 /2007 年
把文字作图像处理再加上过去厂房的样式配合设计。太古仓是一个旧时的码头仓库名称，
在"腾笼换鸟"的年代，工业撤出了，创意产业进来了，所以要特别做一个有创意感觉的标志。
以此地最具特色的厂房作视觉符号，再填上项目的名称，整个标志一目了然，有特别的视觉感。

北岸（房地产）标志 /2010 年
用中文直接做标志肯定是一条不错的思路，我相信在这条道上，中国人有可能比外国人走得好，
这种新的图形我也相信有一天可以与传统的图形分庭抗礼，成为标志设计的奇葩。
作为图形区别的中文设计，有和图形设计并不完全的规律，如果有一天这类案例丰富了，
总结起来一定是很有意思。共生和减笔只是中文图像设计的基础手法之一，应用得好，也可以出神入化。
"北"字有共用的意味，"岸"字用了减笔法，但表现的文字依然相当清晰。

御湖国际住宅小区（房地产）标志 /2006 年
这是位于广州白云山南湖风景区山水庭院住宅区的一个组团。因为大盘已有了标志，
在分盘推出时我们就决定取消标志图形的设计，只以设计文字的表现来作组团的标志。
特别的文字设计其视觉感并不比有传统图形的标志差，设计得好还可能很有时尚感。
在标志图形开始泛滥的今天，对文字作为图形设计的研究已经开始，这条路的空间还有很多，
尽可以狂奔，问题是你准备好了吗？

翠湖湾小区（房地产）标志 /2003 年
中国当代社会的发展，起到巨大推动力的当数城市化进程。
在城市化进程中，黑马有相当长的一段时间不全是做品牌，
而是做房地产。
在操作房地产的项目中，我有过一个叫"反品牌累积"的观点，
由于这观点与主流的品牌观点相背，也不可能得到主流声音的支持，
所以在社会上没有认知。
没有认知并不影响日常的业务操作，我真没有统计过黑马做了多少房地产的项目，
印象中在广州东西南北中都有黑马策划、推广过的楼盘。
就这楼盘而言，我真忘了是在哪里，能有印象的是东莞的小区吧，
水岸的提法如果是在广州肯定知道是哪个楼盘的。
一个中规中矩没什么优点，也没什么缺点的设计。

大阶合

翠湖湾
首席国际水岸尊邸
Laguna coast

碧水湾温泉度假村（房地产）标志 /2007 年
这算是一个很特别的标志设计吧。
泡在水里的一颗鹅卵石、两朵鸡蛋花，石上刻着度假村的名字。
常规的暖泉区标志都会以测的水温冠作标志，也有用书法直书的形式。
如何能使标志透出自然的气息，透出水温，透出花香，在小小的一方标志中是绝难做到的。
从黑马制定的广告主题森林水、养生泉中，
我们决意抛离传统的设计手法，以更土、更细的形象入手，
把度假村养生的大概念从一石、一水、一花中作更好的体现。
自然、亲和、养生，都是众生关心的大事，
显即隐，隐即显，看似隐的手法反而成就了这不一样的标志。

利雅敦煌府房地产项目（房地产）标志 /2007 年
利雅花园是珠江新城的一个高档住宅小区，敦煌府则是利雅花园升级版的一个项目。
常态来看，土特产的商标、品名多用中文书法，它能传达出更地道、更传统的特质。
但在美术字和英文泛滥的今天，有些高档商品，如果出其不意地用特别的中文书法字去表现，
也可以达到很时尚的感觉。书法的形态并不全是传统的呈现，如果表现到位，
书法表现的现代感更有甚于美术字。当然，在细节的处理上要相当讲究，讲究细节流露的时尚感，
讲究整体超脱传统书法的表现形式。
有这类机会，我一般手都会不由自主地发痒。

水岸卫城住宅小区（房地产）标志 /2004 年
这是广州海珠花园小区最后一期的住宅，楼盘位于广州滨江东路，紧靠江边。
以"水岸"来命名是为了表明楼盘的自然环境，"卫城"是以古希腊的洋味来提升楼盘的档次。
在中国改革开放以来，很多本土的消费商品都冠以不三不四的洋名，有些名字根本没有什么意思，
但在似懂非懂之间，国人似乎能认同来自外国月亮投射的光亮，以为那更有感觉。标志的表现也算靠谱，
一改原有楼盘的形象定位。当然在整个推广中，除了广告、推广物料，还要对楼盘的园区要有所规划。
由于标志上有西方的雕塑，在楼盘的园林里也要多放几个吧。这些水岸卫城都做到了，
也是当代整个推广基本的形象系统要求，必须这样做的。

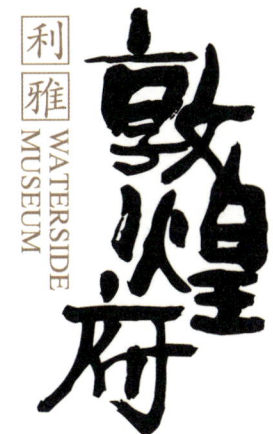

名商天地商业城（房地产）商标 /2005 年
这是广州一座出售、出租商铺的大厦，标志的主形象也是甲方设定的。指定铜钱来做标志，
对于设计师来讲是件很无趣、无聊的事情，局限性很大。完全是出于商业交易来接受的，
尽量在这个想来也很难出彩的铜钱里做设计的挣扎。
当然，图形是设计，配合文字又是一个深化的设计。
再难的命题在金钱的作用下也要设计，这正是设计师和艺术家不同的命。
如果说，艺术家的骨头是硬的，而设计师的骨头就不能简单用硬或软这两个字分别代入了。
其中的感受，资深的设计师应该有很多感慨。这标志做得还不完全低俗，俗也俗得还算有点雅，
有点奔驰三星环的品质吧？这也是设计生涯常遇到死里求生的本领，难！

广州南星公司（房地产）司徽 / 1990 年前
房加地产加星就是这个司徽的完整而又直观的表现，那时候每天都有房地产公司的诞生，
能坚持下来的人，后来都成了大老板。
标志主相就是一幢传统认知的房子，仔细分析它又是由一个半方形构成。实体的方形是地块的表现，
线的半方形是丈量、规划的象征。外形和细节的相配，就是完整"房地产"的概念。
左上角的五角星是标志的名称点题。记得当初做这个标志时，客户说过有部队的背景，
五星和部队背景大约也算个关联。困难的是表现"南"的方位，至今还真想不出最佳的表现方法。
司徽为深蓝色。

江南大厦（房地产）标志 / 约 1995 年
标志选取了江南的拼音首字母"J""N"做江南民居的图形设计。
用物质的图案套入字母做设计并不容易，毕竟这是图形表现的两个方向。
字母的可读性和物质的可视、可辨性，作为图案有其不同的着重点。这算是很难得的尝试，
最后的结果能感到物质强于字母，这对于标志要提升其现代感是有难度的。

某房地产公司（房地产）司徽 /1986 年前
能有回忆的是当时一家挂着某中央企业牌子的广州公司委托做的项目。
最初的时候是帮他们做一些液体商品包装，很快，发现他们要涉及房地产项目。那时，很多商人都忙着往房地产业发展，他们一夜之间都变得很兴奋。
标志是以"G"（广州）为基础，把企业经营的项目房地产以房子的形象表现出来。
至于标志有没有用上，已经和黑马没有任何关系了。

新加坡仁恒有限公司（企业）司徽 / 约 1990 年
仁恒标志图形取意是汉字之"仁"，以红、蓝、白饱和色彩相似国旗类的设计。设计之初，
该机构还在创业阶段，规模不大，过了十多年后，我在上海街头看到一幅很大的房地产广告，
发展商一栏竟打上此标志，兴奋之余一打听，钟仔老板已经成了新加坡首富。
看来这标志设计不用介绍了，应该请出堪舆高人对此标志格局好好介绍，旺财之徽啊！

名人花园（房地产）标志 /1996 年前
记得好像是山西日报当年要求做的一个房地产项目的标志，
大约也是以"名"字为基础做改变设计的。也可能属于没给银两的活。
思考和反复推敲没有付出更多的时间，
结果平平。

香屋牌商标（水性漆）/2001 年
尊重专业的客户往往给设计师留下较大的空间，结果有可能出现很特别的作品。
这也是设计师很愿意为之付出努力的先决条件，在这个设计中，
我们遇到了这个好客户——广州坚红化工厂。
标志图形是油刷的痕迹，刷出来大约是一个房子的造型。
要知道，房子是容易表现的，但香却无法描述，
用色彩和图型表现得与传统拉开距离，跃向时尚，
大约就能产生一些香屋的想象。

水性漆（水性漆）商标 /2002 年
这是广州坚红化工厂另一个水性漆牌子的商标，具体的名字已经忘记了。
从商标的造型来回忆，有"h"的字形，有家居的屋形。大约就是个名称中包含有"h"的牌子吧。
色彩和香屋的商标一致，可能是同性质商品的两个有关系的牌子吧。
单字母的标志如今在全世界已经很难注册了，
如果标志决定选用单字母设计，一定要用解构和重组的方式，最好要把字母做成不像字母的图形，
这样注册的机会就会大很多。

中山华石牌商标（涂料）/1999 年 / 入选《中国设计年鉴》1998—1999
相信在涂料商品中极少有用写实的热带鱼做商标，
热带鱼的含义与材料天然、色彩鲜艳而幻变吻合，但与商品的品性有很大的距离。
很难得我们用热带鱼做涂料罐的同时，把它收归入商标图形，客户居然也就通过了。
我当时放手让创作总监去做，他是如何说服客户的我不得而知。过后看着这商标，
总感觉和涂料商品离得很远，大约你说是一个和鱼有关的机构也是可以的吧。
这担心一直至今。

俊安管道工程公司（建材）司徽 /2002 年
以"J"和"A"两个公司名称拼音的首字母组合，直观表现管道、工程、管理的意思。
以字母融合关联性形象做图形，最终隐去字母而表现图形，
这应该比纯表现字母的标志更不容易同质化。
在标志字母泛用的时代，这方法不失为一条创作思路。

房地产、建材及家居项 | 187

CRYSTONE
华 石

广州市坚红（化工厂）厂徽 /1993 年
老牌国企，创建于 1958 年，是广东生产和销售水性涂料、增白剂的大户，
知名商品为南方牌 8201 乳胶漆、天河牌聚酯增白剂 DT，
商品在全广东的化工原料商店都能买到。因为要面对珠三角商品在市场上的挑战，
需要有更好的品牌形象在市场竞争，决定提出设计企业视觉形象。
厂徽以字母"J"跃动的水滴及向上的三角形构成。"J"是"坚红"的第一个字母，代表企业的名称。
跃动的水滴代表着商品属性：水性涂料、增白剂等。向上的三角形是"坚"的意形——结实而又强硬，
配以红的色彩，传达着坚红的完整意念。方、圆、动、静体现着一种亘古的中国哲学思想。
稳固而又向上的三角形，表现"坚红"脚踏实地努力奋进的企业理念。
标准的罗马字母"J"寓意坚红人对产品制作精益求精、勇于突破、奋力创新的精神。
厂长曾宪番在设计上给我以极大的空间和信任，厂徽设计是一稿通过。在后续的管理和执行上，
企业一直都能做到规范、规矩，值得一赞。

白云铝合金窗框（装饰材料）商标 /1984 年
二十世纪九十年代以前的设计全部是具体形象的表现。
按照当时的认识，白云牌就应该设计成一朵或几朵白云，
但这和铝合金窗框这种工业化的产品又没法搭上关系，这当然是改革开放之初中国设计遇到的困惑。
我当时刚大学毕业，血气方刚，很坚持当时能影响我的以英文字母为主，
能表现商品特性又相当简约的设计。回想起来这类设计在当时还属于很前卫的，
到了二十世纪九十年代以后就泛滥了，中国标志从具象的物质，
比如植物、动物、人物、自然景观到以字母和抽象形的改变，
也算记录了标志设计从传统装饰审美到讲究视觉传达醒目、抢眼的变化。
当然，如今的多元已是建立在这个过渡之后的发展，企业和设计师也都趋向成熟了。
今天再做这个标志，肯定不会只有一种思维，也可能我会从当初的执着转化为客观评价后的着力。
毕竟世界变了。

榕树牌（装饰材料）油漆 /1985 年前
广州的油漆品牌有青竹，后进者的直觉思考一般会从销售出发，青竹是个知名品牌，
我们就做另一种植物。榕树是广州最具特点的树，那就做榕树吧，榕树也比青竹大，
于是后进者又得到了心灵的慰藉。至于不做榕树要做其他什么方向的，
好像这些精于销售的领导都不会去想了。这也是在商品品牌创立时常常碰到的规律性问题。
这是在没有电脑时代的设计，制作全是借助绘图工具手绘完成，
当时好的设计师在掌握绘图工具上也都是一把好手。
那时的学校对图案课要求也很严，毕业生对这类的表现在执行上基本也都能画得像个样子。
手绘，在哪个时代都是基础的基础。

房地产、建材及家居项 | 189

广州集美组室内设计工程有限公司（建筑设计）商标 /1992 年
中国最顶尖的建筑（室内）设计机构，创建于 1992 年。集美和集美组是两个概念的组织，
集美早在二十世纪八十年代诞生于广州美术学院，
最初是一群年轻的美院老师在半下海的状态下经营的，后来发展到整个广州美术学院。
只要有老师接到订单，就可以挂集美这块牌子，
看起来业务是上去了，但品牌却做烂了。
1992 年，两位集美的创办人林学明和陈向京老同学找到了我，
表明如今的集美和他们创业的初衷相背甚远，打算重起炉灶，重树牌子，
关键是如何能有独立的叫法的商号和品牌形象。集美毕竟有了知名度，这两个字是不能掉的，
如何才可做到有区隔的保留？最后的决定是在集美后面加个组字，
这也是受到著名国际建筑设计企业熊谷组名字的启发。
标志的本原来自中国瓦当的图样，是葵花和太阳的综合体。
一个很有生命力，颇受业内好评的标志。

美加丽装饰材料公司（装饰材料）商标 /1988 年
在改革开放之初，室内的装饰材料全是依赖进口，无论是宾馆、酒店、写字楼或家庭，
无论是墙纸、地毯、灯饰或壁画等等，稍微像样的装饰物料全都是由境外进入，这生意当年很赚钱。
这是一家经营进口装饰材料的销售公司，这家企业是由广州市广告公司和某港商合作成立的，
店面就在大南路广州市广告公司大楼的首层。开幕那天邓汉光副市长也来了。
一个小店的开张，来一个副市长，今天看来真是不可思议。试想一下，
广州如今就算一个装饰材料城开张，要请一个副市长的秘书出席，也是不可能的。
标志是以"美"的第一个拼音字母"M"组合设计的，中心放射和理数的规整是它的设计形式。
我清楚地记得，当时有一位做洛杉矶奥运会视觉系统设计的美国人舒华特先生来我处，
他看到这个标志就要拍。感觉上他是来访问的，也许在他的认知里，
这也算值得他注意和能带回去给朋友分享的设计吧。
天晓得。

广东装饰设计公司（装饰设计）司徽 /1990 年前
记得当时是在陆绍权的组织下，成立了一家广州市环境装饰设计协会，有位做装修的老板提出来，
要整合协会的资源，成立一家实体公司，这个标志应该就是这样前提下给推出来的。
以英文字母 gddc 构成。用四个相似的方形作具体字母上下开合的延展，
字母的可延展性和标识的设计感都可以兼顾。就算以现在的眼光来看，
这也应该是个设计得不错的标志。

陈静智建筑装饰设计公司（装饰材料）商标 /1987 年
由设计师主理并经营，从事室内装修设计的个人机构。早年学画时我就认识了陈静智，
并了解他真诚地信仰佛教，所以在为他设计标志时，我就把佛教的"卐"字符号作为标志的骨架，
融入整个标志之中。这里有两层意义：一是使标志与客户主观愿望相一致；
二是用佛教来寓意该机构的可信性。
用东南西北朝向的房子，体现生生不息、时来运转的吉祥祝福，同时也表现了该机构的经营性质。
二十世纪八十年代我有很多学画画的朋友都下海做了设计，其中不少人做了装修设计，
后来发现凡是和做房地产有关的设计，公司和个人都有不同程度的发展，
进入这个设计领域的确和进入平面设计不同，竞争再大，只要能存下来，后来的生意额都不小。
和陈静智设计了这司徽后再也没有见到他了，也不知他到哪儿发财，财发得有多大，
抑或是离不开绘画情结，又拿起了画笔？想念……

红樱桃商标（家具）/ 2003 年
老友李劲堃上京开店经营家具生意多年，代理的全是广东出产的牌子货。
人生意做得好，心也红，一直有创自己品牌的心愿。
某天，他找到了我，要为其设计一个家具类的商标。
言谈中了解到樱桃木本质的优点，我就鼓动他以红樱桃作为商标。
突出木质，突出红樱桃的形象，把叶子等容易同质化的细节省去，
正是设计这个商标最初的构思。下面的飘带是采用了人体刺青的某个图案细节，
也希望把图形上部的硬质加以柔化。

雅芳商标（充气家具）/2002 年
某天，有位中山市做充气家具的老板打电话找我，请我为其产品做包装，并说他是我的学生，
1982 年他在广州美术学院学习装饰绘画时我曾为他讲过课。
他说：老师，我一直忙于做实业，很久没做设计了，这项设计就交给您，但收费请手下留情。
后来整套包装完成了，在完成包装的同时也为企业调整了商标，
因为此雅芳非美国著名的直销机构 AVON（雅芳），
而且字母还很长，我有意把商标用色分成两段，力图把前段英文做到可记忆的强度。
黄和蓝也是补色，配合起来也考虑到对比呈现的强度。

左右商标（家私）1996 年
中庸之道是中国古代的哲学思想，取其意即一左一右，不偏不倚。企业以中国古代的哲学思想起名，
用现代的几何概念作为图形设计表象，"左右家私"其商标有很深的内涵。上、中、下的三个圆点，
分别代表着天、人、地的宇宙万物概念。一左一右的两个括号，
寓意处于宇宙万物之中不偏不倚的中庸之道，有融汇古今中外的气魄与胸怀；
立业、建厂、设计、生产产品均应以其为企业的理念。
"左右家私"经商标局注册，为注册商标。
其商标组合必须按此规范严格执行，其商标的专有权为深圳市腾坤实业发展有限公司所有，
任何企业及个人未经本企业同意，不得使用。
左右家私的广告句为："沙发艺术•左右家私"。

新宏达塑料家具（家具）商标 /2012 年
数理的标志有很强的尺度标准性，其作品构成的每一画、每一点都是有数理依据的，
这种数理依据如能处理得好，不会呆板，反而传达出来的视觉力量更有密度。正如此标志的设计，
表面上看到的是个图形，而实质是由几个正四方形做构成再分割成形的。
中间的正四方形是核心，上下左右是四个正四方形的延展，
圆圈画弧的中心点在正四方形的正中，外弧是画在外层四方形的角上。标志中的三角形画线点位，
也是由四方形对角的折点做延伸。这是个和名称没有直接意义可说的标志，
完全是以几何图形作视觉表现的作品。以抽象的几何图形作标志，
如果设计得好，比具象图像的生命力，包容量要更强大，传播力会更强。

服装饰品项

饰品
服装
鞋

卡尔曼丹牌皮具（皮具）商标 2004/ 年作品
单个用图形作很大创造性设计的标志在今天的可能几乎为零，
比如要设计一个五角星、一个红十字、一个耐克钩等等。
以简洁手法表现的标志似乎在上个世纪早就被人设计完了，
现在除了多元组合的标志还可能在打破传统思维以外有些许的操作空间，
而单个图形也只能在调整的基础上让其活化。比如这原来就是一个六角星，但把每一个角拉长，
并把它弯曲，就形成了一个活化的变形六角图形。皮具的制作工艺有一定的局限性，
因而在标志的造型上也要尽量地简化，简化能产生力量，但单图形简化也碰到了创作容易撞车的危险，
其中的优化正是磨难设计师的要命之处。

西城（服装）商标／约 1992 年
广州服装个体户在改革开放之初，大多动手做过"连衣裙"，当全城动手进行加工服装时，
最早的万元户也有从个体发展到小型作坊的，有的开始了创牌子的尝试。
这是为一个本地服装创作的牌子，设计是走当时大家认可的外国路线。
做牌子、做品牌哪有这么容易，我们曾和多少有想象力的创业者前行，一起在画饼，
最终基本上都是南柯一梦。

吉仔牌儿童牛仔（服装）商标 /1999 年
有朋友看好了儿童服装市场，要创建一个品牌，让我想个名，并设计个标志。
创造品牌，是每个有抱负创业者心中的梦，懂得要把形象基础做好，已经是很有远见了。
但这离成为一个品牌还有十万八千里的路，
作品在这作品集里只能是个设计的记录，就算是个好的设计记录，于品牌的建构还是非常遥远的事。
给一个不愿或没能力打造品牌的企业做一个好商标，无异于浪费表情。
越看这个标志，越感觉这句话的深刻。唉！

白诗飘丽时装（服装）商标 /1993 年
这是为深圳一家进出口公司做的时装商标。深圳很早就定位为设计之都，是中国设计的重镇，
如今深圳以外的设计师能为深圳做设计实为难得荣幸之事，这作品也算是历史的记录。
今天，单字母的设计要获得注册是非常困难的一件事，
因为单字母的设计要达到同类字母的差异性并不容易。
此商标以 "P" 与 "飘" 的概念融合，力图创造一种特别的 "P" 字母型。

红霞制服（服装）商标 /1993 年
以 "R" 做规律性扩展构成商标图形。
如何将服装的时尚与制服规矩合成，正是这商标设计要思考的难题。
这位设计师原来是做时装的，但在没有品牌、没有销售通路的情况下，光有技术很难有生存机会。
于是，后来就转产做制服。开始做制服还可以，但后来竞争太激烈了，她也选择了放弃，
最终到美国，还是做服装。
图形采用大红颜色。

庄寿朋时装（服装）商标 /1993 年
以 "寿" 字为元素，作人形时装展现的图形。
一个相当个人化的设计时装牌子，以一个相当个人化时装展示作为图形的设计。
一位也是广州改革开放之初有名的设计师，后来出国也是放弃了服装设计。
图形采用深红颜色。

服装饰品项 | 199

壹加壹时装设计公司（服装）司徽 /1993 年
壹加壹是广州改革开放之初最有名的时装设计公司，相当于胜记海鲜大排档，
创办人陈志雄也是广州第一批有名的个体户之一。陈志雄连同壹加壹大约在 2000 年就消失了，
留下的是我当初给他们的设计，这标志倒成了时代的印记。
壹加壹这商号叫得很早，标志倒是后来补做的，也是看到了它在历史中的先锋作用，也就答应做了。
这标志就是一个大写、重叠的"1"字，与衣服的相关性体现在成衣折叠的侧面，也算是一种解释。

宝岗时装（服装）商标 /1982 年
这算是我大学毕业后最早设计的一批商标之一，用字母作元素设计是当时前卫的做法。
以"B""G"两个字母来代表宝岗牌号，如今看来还是这么亲切。

达州皮鞋（鞋子）商标 /1989 年
高第街，是广州最有名的日用品批发商区，中国市场改革开放的前沿就在这里展开。
这家皮鞋店就在高第街上，制造经营及销售各类皮鞋。
用字母"d"和地球的图案组合，表现了生意通达五洲的全球理想，
相当符合客户生意发展的澎湃心态。这与当时逢广告必有大厦、必有地球的时代传播痕迹相一致。

服务业项

金融贸易
企业
餐饮业
文化创意产业

顺德农商银行（金融）标志 /2010 年
顺德农商银行的前身是农村信用合作社。在改名时，顺德人特别讨厌"农"字，
如果不是国家对此银行的名字有硬性的规定，我想他们一定会取消"农商银行"的"农"字。
的确，顺德是中国改革开放最早的乡镇之一，工业产值早在 N 年前就超越了农业产值。
还提这个"农"字，真不现实，看得出他们是从骨子里讨厌"农"。
黑马和顺德的感情很深，我们在改革之初也曾服务过万家乐、神州、华宝、裕华、
索华等当年赫赫有名的众多燃气具、空调、电扇等企业，有些案例已成为经典。
这也是顺德的大企业，但做这个项目并不爽，成果也不满意。
原因是主持这个设计项目的主管有很强的参与感，甲方强势很正常，但在极大的权力下，
美感缺位的主管就相当可怕。尽管在走完设计程序后，最高领导也问我是否就决定用这个标志。
但我受过程的折腾已没热情反复修改了，最终认可了这个标志，其实真有如哑巴吃黄连。说真的，
标志是黑马做的，但过程受了左右，这不是我们愿意看到的结果，但结果却是无法改变，
所以我们从不会理直气壮地说，这标志是黑马做的。如果时间可重来，如果还是那样的主管控制，
我想结果也不会有更大的改变。我不太明白，既然出钱请了一队优秀的球队来比赛，
为什么雇主还喜欢亲自下场踢。自然，球赛是以把球踢入球门分胜负的，雇主是无法下场参赛的。
设计标志就不同了，这里没有球门，标准相当主观。如果主管无知又想满足参与设计的成就感，
结果当然难以想象。
权力审美，这是设计界一直讨厌和无奈的词，看着很令人心酸！

兆禾贸易公司（金融）商标 /2005 年
因为中英文呈现的不同点，在设计标志时很难兼顾。中文的思考是在词义、字义上，
是在字形结构和笔画上，而英文如果不考虑词义，则会考虑字数、字形、开闭音节等元素。
两者在思考完成后，如若设计需要排在一起，中英文字不论如何都是两类不相干的东西，
所以中英文的同版面出现的设计根本就是个国际难题。
基于此设计英文是取中文拼音的，这更不好说了，其字数、字意、发音均无法控制和改变，
其发音在外国人看来绝对还是中文。死中求变，只能寻找中英文配合的共同点，
使标志放眼望去有一致性，并努力在这一致性上制造出有可能成为个性符号的突破。
"A"应该就是这个突破。如果连这也发现不了和做不到，这标志也就平庸了。

广州市交易服务公司（贸易）司徽 / 约 1988 年
一个孔方兄，叠出了阴阳两只鸟。这是当年广州市工商行政管理局下属的机构，
概念的源发很原始和简单。交易和钱有关，于是画了一方铜钱；交易和进出有关，
于是画了阴阳两只飞翔的鸟。鸟的形态犹如白鸽，也是当时最讨好的飞鸟造型。

ZHAOHE 兆禾™

广州工商国际租赁有限公司（金融）司徽 /1990 年
又是一个公开投标中选的标志。
单个图形可看作"工"，也可看作"I"，
单纯的元素作重复的节奏可看作是当代艺术的一种表现形式，
而在图案的表达上，把图形作适当的倾斜，倾斜加重复的表现就把可能是常见的图形陌生化，
陌生感的产生，就有可能是标志的生命力。

宝树商业贸易公司（贸易）标志 /1999 年
用一个传统的宝树图形，把树身作"发财树"造型来改造。
标志包含有生生不息、繁衍昌盛及摇钱树的概念，配以光芒色调的色系丰富标志。
中国传统图案相当丰富，但毕竟年代久远，图案也受依附的材料局限，
所以呈现出来的造型往往带有逝去的时光痕迹，容易显得老旧。
要把中国元素激活为具有现代感的图像，一定不能原封不动地照搬套入，
还需要以现代的审美思考作设计，尺度的把握至关重要。

金源商场（贸易）标志 2002/ 年
用五星做骨架，以中文金顶变化后做组合元素。取意金源之地，汇聚流通之圈。
商家都喜欢以吉祥图形、吉祥意义来看待生意场上的布局和物体，想法一定是世俗的。
问题是设计师能否在这世俗套套中寻找有可能成为雅俗共赏的路径。
能看得出这标志中有圆、有金、有 8 的元素吗？相不相信，这些元素看上去，
或者说给客户听，他们都是十分接受的。摆在设计师面前的永远是矛盾，
平庸的设计师充其量只会摆，简单地摆元素。
优秀的设计师是智慧地解构、重组元素。
在这条道上，设计师谁也没法去躲。

山东华日摩托（企业）商标 /1995 年
字母型的强商标设计很难在图形上作描述，因为它是纯字母的组合，没有图形，难有描述。
记得当初这商标也有一个图形，因考虑到现代感，在设计的过程中给取消了。
只留下纯字母的大小、阴阳、点线变化的设计组合。

广东省物资进出口公司（贸易）司徽 /1993 年
奇怪，在查阅标志最初设计记录时竟表明英文无任何意思，只是以现代设计的理念运用构成手法，
选取节奏鲜明的 a 与 d 重复组合。
adda，四个字母中的四个圆形加上两条短柱和两条长柱，形成鲜明的视觉节奏，
在最后一个字母 a 里加上一个色点，使前面 add 容易读断，而色点更有其强调视觉警点的功能。
另外，色点还有其区分机构内各种不同部门或商品的功能作用。

海南省商业集团公司（企业）司徽 /1988 年
以字母组合变形设计，一直以来都是中国集团企业司徽设计的习惯做法。以"H·C·G"为主题元素，
给人以力量（实力）、速度（感受）的动感造型递进升级之感。冲动优于稳重是发展中领导者开初的心态，
这也影响到设计者和判断者，以及作品留下的时代迹象。

濠源发展有限公司（企业）司徽 / 约 1993 年
用中国传统的卦象和书法构成，表现的主要概念是水，因为公司名称中两个字都有三点水旁。
用中国元素作为设计元素，在当时那个年代并不多见。

澳门珠光公司（企业）司徽 /1989 年前
这是澳门最大公司的标志，完全是由公开投标中选的。
标志的胜出令我的太太一直很兴奋，看来兴奋一辈子也属正常，
因为这是当年她在中央工艺美术学院进修时上何洁兄平面构成课时的作业。
这作业一点也没改，原封不动地作为投稿作品，居然也被中选了。
记得当年收到中选标志后发来几千元，让黑马的全体设计师羡慕、嫉妒、恨啊！
至于标志的含意，我想都属于事后瞎编，不就是一个滚动的 8 字，一个动中有静，
普通人还能说得上甲乙丙丁的所谓吉祥图形而已。
看，又嫉妒了。因为我也参加了，也落选了。

康宝商行（贸易）标志 /2003 年
如何让传统的图案设计得有时尚气息，这是有追求的设计师们热衷的事。对待传统元素，
爱和讨厌是态度问题，能否活化是能力问题。如果你认为传统图案都是美妙绝伦，
也许你根本就不愿活化，死搬或硬取其部分肢体放上就好。如果你认为传统图案都是死了的元素，
在设计中你也会不屑一顾，当它透明。如果你认定传统元素的确表面上是死了，但其生命还在，
还可以激活成为新的生命，有可能你真的就创造出一个新的视觉符号。
这个标志是以中国的博古架为结构，冠以"h"字母进行激活设计的。
尺度的规矩是这个标志的设计手段。
包容、跨越的想法，应该是激活传统元素中的一条路。

广州凯达实业公司（企业）司徽 / 约 1989 年

需要商标，但并不愿意付出设计商标的费用，这是那个时代的特征。

这是一位下海经商的朋友，因为友情而提出让我免费为她创建的公司设计的商标。

记得当时曾为此商标写下过设计构思：

1. 运用简练的设计手法，以一个半圆及一个三角形组成凯达公司之首字母"K"，给人以精练明快的感觉。
2. 人们做生意通常讲意头。这个标志外加一圆环贯通于"K"之间，寓意生意循环不息，货如轮转。
3. 如箭头状的三角形进入圆环之中，并向外扩散，象征商品的进货与销售，反映了凯达公司之业务性质。

科健（企业）商标 / 约 1993 年

圆底套字母是最常规经典的商标形式，把字母作动物型的设计也是非常普遍的做法。

常规手法之下，要想设计有很大的突破是不可能的。

这商标也体现到那时期中小企业商标的设计样式。

南海中旅社（旅行社）社徽 /1988 年

主体元素是"中"字，其中有三条斜线，斜穿一个象征地球赤道的圆。

该标志体现了走出中国，到世界旅游的多重含义。

整个标志色彩用蓝白两色，希望贴近行业特性。

时代广场优游时代（旅游业）标志 /2002 年
这是广州时代广场租赁商业店铺项目的标志。时代广场是一个大型的百货大楼，
全部商铺都是以出租的形式招商，时代广场表面上是在卖商品，实际上是经营商铺。
时代广场经营者看好了旅游业务，把五楼整层辟出来，向经营旅游业务的单位招商。
也是为了打造统一的形象，设计了这个标志。标志以飘带作为主元素进行设计，
是不是内含有英文的意思已不太记得了，就算有在解读上也有难点，解读不了的形象，
我们只能当它透明。放松、悠闲、优质，有如风吹过随性飘浮的自由，这是标志意图传达的信息。
当然，集结也是概念的主题词，因为场所打造的是优质旅游的集中地，
想传播的信息是：到这里，找旅游服务商有更多的选择。

欧亚农业花卉种植业（农业）标志 /1999 年
这是一家专门种植蝴蝶兰和大叶蕙兰的企业。
把花和蝴蝶融合起来，是花，是蝶。
组合成一个象征性的标志。

南鸽香烟（烟草）商标 /1989 年
香烟商标是以整体包装设计注册的，这是继玉溪香烟之后为云南楚雄烟厂做的设计。
原名取意于云南大哥（鸽），叫云鸽，后来因注册原因改作南鸽。
包装主图为毕加索的和平鸽，商标主形象就是一片云。
包装的主色调为蓝白。

盛世国际娱乐总会（娱乐城）标志 / 约 1990 年
已经不太清楚这个标志的委托客户，总感觉有相当的一段时间广州有不少这类给钱不多、
要求不高，但蛮考验功力的项目。
这类符号性的标志没什么创意可言，主要是形式美感的表现，其实在实际的制作过程中，
在环境组合的配合上还是有文章可做的，但这已经不需要我们参与了。

鹅潭饭店（餐饮业）店徽 / 约 1990 年
这是我老表开的饭店，记得是在沙面一座桥的入口处，店名取自当地的景观"鹅潭夜月"。
这一带旧时是洋人的领地，有很多旧时的洋房，故店徽也做成了洋化的图形，而实质只是个拼音。
但就这样式，与传统中餐馆已有很大的区别。常规上，中餐馆是挂传统书法写就的名字。
当时企业的大流通还没形成，开个小店已是相当不错的生意。

白鹅潭风情酒吧街（餐饮）标志 /2002 年
这是广州白鹅潭边上芳村区的旧厂改商用的一条街，原来发展商寄予的希望也很大，
十年下来了，比起上海的新天地、成都的宽窄巷差多了。原因不归此书记述，但就品牌推广而言，
和以上这两个全国品牌根本无法相提并论。如今广州以外的人对此地无一明确的说法，
广州市民也只知是条酒吧街。什么名，叫不上，叫上的就是芳村。
失败吧！这标志看来只是用在开业招商的宣传品上，在开业之初宣传物料上也见过，
但近十年开业期间在这条街上根本看不到这标志，这也反映出广州商业地产运作商的小贩意识。
小贩意识就是短线卖货意识，没有长久的品牌规划，所以不能称之为大商家，
也看不到项目稳定的发展和影响力的逐步提升。好的设计师能遇到一个好的项目，是他前世所修。
英雄如立危墙之下，再好的本事，也只能对天长叹。
这标志做了十年后，赢来的竟然是如此感慨！泪奔。

etan

正莱馆餐厅（餐饮）标志 /2003 年
一个蔡姓朋友在做喷画行业结束后，在我当时上班的建设路附近开的一间餐厅。因为是朋友，
当年能拿出来的资金也有限，所以也是义务为他做设计。入行以来不知不觉地做了许多义务设计，
如果能收钱，应该相当可观。听说过有收电视广告的创意费在几十万，甚至 150 万的吗？
不在外国，这传闻都是在中国发生的，当时听说也是震惊。
当然那都是国际广告公司对国际知名品牌才能收的价。
至于标志的设计，我只听说做申奥和奥运的标志也就是四五千至几万元，
所以做了这么多设计义务的项目，如今也不会后悔。至于商业项目，
我以为就算是朋友也应该有所预算，但中国设计师好像提出向朋友收费还不太好意思，
也是和设计的价值不被普遍认可有关。
我想，这偏见应该结束了。

天天火锅店（餐饮业）标志 / 约 1995 年
由深圳商人在重庆投资的火锅店，这标志也只是就标志设计而已，
并没有要求在整体上作设计。这样的设计在整体上当然会有缺失，
但客户在预算上的节省自然是照顾不上了。
强调叠字的跳动，是标志的特色。
色彩用红、黄强调辣味刺激感。

绿茵阁咖啡厅（餐饮业）标志 /2005 年
绿茵阁咖啡厅总部在广州，是家中餐西吃的品味连锁餐厅，如今分店已开到了全中国。
绿茵阁最早的标志是现在标志图形中的 G 字五叶花，五叶花代表了最早创始的五个股东。
因为原来的形象比较单薄，绿茵阁决定要作标志和门面形象的改造。
消息一传出，广州所有顶级的广告公司闻风而至。本来我很熟悉的老板看我比不上人家的热情，
在兴奋中选了一家日系广告公司，并以每月 6 万元支付设计费，头尾做了一年。
某天，绿茵阁的老板林欣急匆匆地找到了我，说这改过的标志放到门面上并不好看，
要求我给予重新设计。我开玩笑地跟她说，先给我摸摸你的脖子上还有没有血。
言下之意是，你的血都给人家放完了，找我设计会不会没钱给啊。
她说还有一点的，我在她承诺了费用后，就开始了标志的改造和门面示范店的设计。
整个设计过程进行得非常顺利，当时我只找到了一个标准，就是星巴克。
全店的系统以六个字作为统帅：出绿色，出白光。
上一任广告公司做的绿底白图形的标志并没有改变，只是外加了一圈橘红，
并把英文和创建的日期打上，并以此上报注册。
表面的动作不大，但配合做的理念和视觉规范的工作相当多。
老板说，这些提案的幻灯片都留下来，作为餐厅培训的教材。
就一个标志的提案，我们做了 200P 的幻灯片，够意思吧！

海南友谊大酒店（酒店）标志 / 约 1990 年
这是一个公开征集选上的标志，有点像买奖券中奖，很不容易。
标志主体是两个"F"组成一个"H"，包含着友谊和酒店的英文意思。
两个"F"，也是两只平行飞翔的大鸟，体现着友谊的内涵。
整个标志由蓝、白色调构成，体现着海南岛特有的蓝海文化气息。
由于标志的成功，后来我还为酒店和广州美术学院牵线，达成了制作酒店大型壁画的工程项目。

广州市广告公司（广告业）司徽 /1984 年
广州市广告公司原有的司徽是个五羊标志，不要说标志在广州当时的同质化，就当时广告这个新产业，
要在名片上印上那标志，大家都老大不愿意，认为很土，一直吵着要改。
我那时大学刚毕业，还是一名普通的设计人员，也是看不惯原有司徽的老土样，在同事们的鼓噪下，
就动手做了这个设计。设计完成只是司徽"策反"的开始，
之后公司的有心人组织了集体签名和游说活动，硬是把原有标志给推翻了。
记得原有的标志也是新做的，是一位最早在美术社做美工的老同行做的，因他长期在基层，
难免想象力展不开，也属正常。
至于说到标志的"G"字构成是表现了在城乡、产销之间由广告搭成了一座桥梁的说法，
只是说法而已。以简洁有设计感的"G"字来作司徽，
跳出了当时一般标志的物象写实性，才是设计的要点。

金明广告公司（设计机构）标志 2003/ 年
这是东莞一家户外广告公司的标志，标志是由暨南大学新闻与传播学院实习生卢艺超让我做的。
他毕业后就回了东莞，也是从事有关传媒推广的工作。
金明背景我没去深究，只是在图形上作了设计。
日月在中国汉字里就是个明字，是从象形字演变而成。
设计并不复杂，先把日转化为原点的象形太阳，然后再考虑把月字作图形的改变。
两个字的配合重组一个新的图像，这图像自然要考虑它自身个性的特点。
阴阳相交，自然也是日月传输出来本意。
以本意、本源作标志设计的思考，自然也可成为一条路径。

羊城创意产业园（文化创意）标志 /2006 年
在广州众多的创意产业园中，要数羊城创意产业园的宣传平台最大了。
因为它是羊城晚报报业集团属下的产业，有这样一个传媒集团做后台，起码知名度能得到保证。
创意，最要紧的是脑袋，以大脑为主体，配以羊毛、羊角作组合，它的特征性相当明显。
记得有次在广州的某个以创意为主题的展会上，我们还为标志做了一个巨型的装置。
整个装置是以分段的白色木板组合而成，内透绿光，相当特别。
可惜我一直没去做一座永久性的雕塑，把这设计固化起来。

黑马广告千禧年年报（书籍）标志 /2000 年
黑马广告在千禧年前后有十年的时间做了年报，年报把每年黑马业务的作品表现都记录在案，
这工作对于公司和业界都是一份难得的贡献，而业内绝少人会这样做的。
因为这工作并没有利润，相对记录一个公司的作品而言，容量不大。
大部分公司也有作宣传册的传统，这会在公司历年作品中，按需要挑出每类最好的作品集结。
这标志是为 2000 年黑马广告年报而设计。进入 2000 年是一个新世纪的来临，
为了迎接这一历史时刻的到来，也是祝福黑马在新世纪的平安兴盛，
专门依据当年年报的风格做了设计。记得这年是龙年。
标志中的肖马图形，是我在大学读书时刻的闲章，时年 1980 年，后来成了黑马的标志，
算起来也都超过了 30 年，历史不短了。

黑马广告兔年贺年卡（书籍）标志 /1999 年
开公司逢年过节做贺卡也是源于机构的商业公关，黑马广告从开公司之初一直有做，
后来因每年有生肖书就换为寄书当贺卡了。最早的贺年卡设计比较随意，每年的主题不同，
每年的设计不同，就年报和贺年卡这两项设计，每年都相当磨人。后来，贺年卡全部转为生肖主题，
思考就简单多了，而且受众印象也深刻。广州有两家企业一直也没投大精力做贺年卡，
每年一度只有中秋节做礼物相送，效果也很好。
一家是白马广告，做了 N 多年的中秋月饼。一家是美即面膜，一直也保持在中秋节做茶叶礼品。
这两家的礼品由于做得用心，一直为业内所关注，也因为市场上根本买不到，也就成了稀缺品。
每年中秋一到，大家都想着要了。
佳节送礼是中华民族的传统，一年一度绝对是少不了的，
问题是什么节送？送什么？如何能让人更有记忆？

《羊城晚报》财富论坛（论坛）标志 /2001 年
这曾是广州最有影响力的财富论坛，一是常能请到著名的财经大腕和企业家，
二是论坛的第二天会在《羊城晚报》刊出整版的论坛报道。以两个羊字作组合，
在设计的笔画上也可视作两个"￥"，羊角是一对成功的钩。
传达的概念是，在羊城（羊城晚报社主办）有关金钱（财富）成功的活动。
我其实并不喜欢一个标志要传达很多的信息：一方面这有传播难度，什么都说，
不一定能讲和听得清楚；二是视觉不可能代替观念的功能。
我们看到一些能表达理念的好标志，往往是设计后说客加上的言辞，并非设计之前的设想。
当然，如果标志的美感和传播力很强，而理念又表说得很充分，这作品自然又得。
可惜世界上最多的只是如果，标志的活好不好，做出来就能感受到。

《摄影世界》(杂志)标志 / 约 1988 年
我不太肯定这标志是一本杂志的标志,还是一家经营摄影业务机构的标志。还有印象的,
是一位蔡姓的汕头摄影朋友委托我设计的,机构应该在汕头。
标志以镜头的圆形构成,中间圆点的偏离使这标志有了活的可能。设计中奇正的把握有时很绝对,
要么是绝对的奇,要么是绝对的正,也有如此标志的设计,主体的正和中心局部的奇,
造成视觉矛盾的冲击,平凡中看到了改变。

《新舞台》(报社)标志 /1988 年
《新舞台》是广东省戏剧家协会办的一份报纸,当时的主编就是后来大名鼎鼎的《新周刊》主编孙冕。
这老兄认识我后,也是顺带着要我义务为其报纸做标志,我也是看到其兄和我"臭味相投",
而且相信所花精力不多,还能出好货,就一口答应了。
戏剧是锁定的元素,面谱是戏剧的代表符号,一黑一白、一文一武正好把人生如戏、
戏如人生的认识直观地作了表现。记得当时手法上也是采用了毕加索立体主义的多面一体观,
把面谱正侧两面用同一视觉作了组合。

山西时报综合经营开发总公司(报社)司徽 / 约 1990 年
在英文字母泛滥的标志设计时代中,用地方文字进行设计也不失为走出差异化的做法。
问题是美感、认同感的坚持,这需要用心。
标志以中文"山"字为原形,表现了在平面纸媒开拓多种经营的发展之路。
"山"为山西时报的头个汉字,山的三个竖画也可看成一个比一个产业向上伸展之意。

《美化广州博览会》会刊（杂志）标志 /1986 年
这是当年广州市政府筹办的一次大型的展会，会刊工作交由广州市广告公司执行，
我负责这本会刊的设计工作，最后还因委托《香港导报》印刷，第一次到了香港。
为会刊专门设计会刊标志是我的坚持，印象中那个年代就算是博览会也不一定会专门设计一个标志。
标志以"G"加"美"构成，其中更突出了"羊"字，表现和羊城广州的关联性。
印象最深的倒不是设计标志，反而是设计会刊，因为那时没有电脑，
全部书是手工排版、手工贴字，那效率之慢和磨人，真是刻骨铭心。

《城市画报》（杂志）标志 /2002 年
改革开放前 20 年，广州的媒体和媒体人一直走在全国媒体改革的前端。
这本杂志也曾在全国走红一时，但在跟风的年代，
它原有的样子已被多本设计得和它原来样子差不多的杂志混淆了。
都叫"画报"，《城市画报》在受众的眼里已不具有唯一性了。基于这一点，
也基于要把杂志的年龄层提高，为了争取已经参加工作有收入的 20 世纪 70 年代出生的受众，
于是从标志开始进行了形象调整和推广的工作。标志的改革是把"城市"放大，把"画报"缩小。
画报是通用词，在全国多本杂志都用着，"城市"则属于专有词，是唯一的。
原来"城市"这两个字也做了很多方案，也有相当美感和时尚的方案，也是没办法说服固执的主管，
只是用了一个略微修饰过的字体套入，特别遗憾！

《心理辅导》（杂志）标志 /1999 年
这是为红桃 K 口服液服务期间，老总谢圣明要黑马顺带做的一个设计。
他们那帮老总都是文化人下海，骨子里还藏有墨水的情结。
于是，用了这本杂志作为企业的宣传平台。媒体的标志，通常是媒体的名称。
也有媒体在名称以外专门做一个图形标志的，我以为这样很怪。因为媒体的商品就是媒体，
它可能是一份报纸、一份杂志、一个电视台，它并不像商品，一个商标印在很多商品包装上，
在货架上陈列销售。要受众记住媒体的名称，又要记住媒体的图形，
这无异于减弱了媒体名称的传播信息，并不可取。

心理辅导

7:05 家庭影院（电视栏目）标志 /1999 年
电视栏目标版性的标志很多，也是一个很大的空间。
但我参与的不多，所以留下的作品有限。
这类设计的主题传播很直接，而且还有时间长度的约束。
在花式与重锤表现中寻求落脚点，正是这类设计的思考点。

南粤狮声（专刊）标志 /2012 年
这是广东狮子会主办的一本刊物，
在设计上只要能保留广东狮子会的会徽，
其他尽可以放手去设计。
也是让时代的网络痕迹进入设计的一种表现，
设计相对传统的杂志在表现上有更多的活跃。

媒矿（网站）商标 /2014 年
此"媒"不是彼"煤"，此"媒"为"媒体"。
这是有关媒体网站的商标，用的是谐音，
也是符合互联网的认识思维。
字面上的传达相当直接，"媒矿"直指网站在媒体方面有很多的资源，
可能满足对媒体采购最大的计划。
需要提出来商议的是，Logo 图形能否省去，
拼音的命名是否合适。
的确，我有想法，觉得还可完善。

广州市电视广告制作公司（影视）司徽 /1990 年前
租用电视台的设备进行低成本的电视广告制作，在那个年月很盛行。
创意和品质都不可能很高，但价钱还有吸引力。于是，那种皮包公司、挂单公司也就多起来了。
公司办成了总要有张名片，标志也就要找人做了，
这是当时众多公司中的一个标志，我算是见证参与了。
做这类标志要求不高，不一定要注册，但总得像个样子，
有点洋味，有点技术含量，像是境外进来的公司更好。

广州电视推广公司（影视）司徽 / 约 1990 年
客户告诉我，这公司和广州电视台有特别的关系，主要也是做代理广州电视台的广告业务。
于是，我就把广州电视台原有的标志作了一个可以辨认的改变，再把英文配上，
使之成为有差异识别的关联性标志。
代理电视台业务的公司很多，和电视台关联性越强，越能给客户信心。
口头传播是一回事，从标志视觉表明又是一回事，既然有这关系，又要做标志了，
这规划当然要一步到位。

谢晓萌导演工作室（影视）标志 /2002 年
谢晓萌是广州广告影视界最有创作力的导演。他一直有着拍电影的梦，可惜一直没遇到金主。
电影《疯狂的石头》里厂长儿子谢小盟的名字，就是用了他名字的谐音，
演员也是找了一个和他外貌相似的人。这标志实际就是按他的意思制作的，
由此看来，最好的导演和设计师还是有区别的，学有专攻此语当真。

黑马+进步组标志（设计）设计 /2002 年
这是当年黑马广告和专门拍影视广告的进步组的合作机构。
进步组是名导演谢晓萌主持的，标志上的"+"号，应该就是谢晓萌的隐形标志。

19DAYS 工作坊（艺术空间）标志 /2008 年
这是一个位于广州市海珠区某条臭水沟旁的艺术空间，有许多画家藏身于此。
经营者是广州美术学院毕业的一位高手。当年我去参观过一次，讲座过一次，
之后广州各地创意园不断出现，我也找不到什么理由再去了。
如今要我再找回这个地方我还真失忆了。
标志做得很重力，可以用金属材料制作。

謝+曉萌

黑馬+进步组

彦窑陶艺（艺术品）标志 /2002 年
广州画家陈永锵兄的二公子叫陈志彦，现在已经是广州知名的艺术企业家了。
他有自己的画廊、运作团队和蒸蒸日上的艺术生意。这标志是很多年前我去探望永锵兄时，
志彦希望我给他做的一个标志。那时大家都以为标志就是一个图形，加几个字，
想洋气一点就加上几个英文。我以为志彦做了个窑，需要有个牌子，
用中文直呼其名是最直接不过的了。因为这个牌子除了印在纸上做宣传，
更多的是印在陶式瓷器上作为标号，太复杂了反而不利于工艺制作和识别。
如果这两个字能做到看似没设计，而实际是经过精心设计的就达到我预想的目的了。

秘密（漫画）会社标志 /2000 年
在 2000 年前，广州有一帮志同道合的年轻商业插画师正筹备创作并出版《广州画》。
《广州画》是广州的一本原创漫画绘本，最初的构想是希望里面文字全部是广州话，
作者全是广州出生或在广州生活的广州仔，内容也是反映在广州的感受和生活。
那时他们虽然有理想，但还没形成一个经营实体，日间还要在各自打工的公司中上班，
于是就先草创了一个机构——秘密会社。十年后，秘密会社的名字已被《广州画》取代了，
但当年的人和热血还在，作品已得到了传播，他们也成了年轻的资深画家，
在广州商业插画界是最有影响力的一群。

彦窑

WARRAN

个人标志项

个人标志

黄幼明（个人）标志 /1988 年前
也是早期实践了一批用姓氏作个人标志的做法，
后来速成了我在大学教了 10 年有关字体设计的课程，
出了两本书，《设计中国姓》和《设计百+姓》，并引发了我投入画字的艺术实践。
中国汉字无论设计还是绘画，其张力和空间都相当大，
作为中国创作人真是有福了。

东氏（个人）标志 /1988 年前
我对汉字的热爱从进入设计之初就形成了，尽管当时并没有深究其字的演变过程，
但对组成字体后的形式和结构还是相当用心的。
把东字的外围加上四方框，是为了和中间的图形形成呼应，
组字的线条用统一粗细的笔画也是为了使有横竖方圆的标志形成有变化的统一。

李氏（个人）标志 /1988 年前
形式应在字意的基础上加以设计，才可能有认知的美感传播力。
我以为这是一个失败的例子。本意是表达一个李字，但过分强调了字体中心的图形，
把李字的字体本意给忽视了，结果在传播上自然难以解读。
我想，这也是设计初哥最容易犯的毛病。要做对，才做好，这才是程序。做的所谓好了，
才检查对不对，本末倒置要改也难。

黎耀西画展(个人)标志/1990年前
黎耀西是广州著名的漫画家,他漫画的兴趣点是广州的草根人物。
他是广州当年走红的漫画专栏《乐叔和虾仔》的首创人之一,
漫画专栏《生意仔马龙》则是他在改革开放早期留给广州的一笔珍贵的文化遗产。
我14岁在广州文化公园就跟黎耀西老师学画,当时学的是漫画,
漫画的人物就是刘少奇、邓小平和陶铸。
那是一个特殊的时代。
黎耀西又叫西公,用西字做他个人画展的标志是再合适不过的,
把西字用甲骨文的方式处理,给标志有图形的感觉,也对接了画家本身的属性。

关姨(个人)标志/1990年前
关姨是黎耀西老师的妻子,是我师母。当时她还年轻,也希望有所寄托,
开了个关姨画室,承接有限的裱画业务。为了给师母印名片,我自作主张为她设计了个标志,
廖冰兄则为她题写了室名。
把锁设计成大大的圆形也是把文字的意义转化为图像,令线条与块面形成鲜明的对比。
把门关起来就是关字的本意,

徐氏(个人)标志/1990年前
我不太记得这是为哪位徐氏的朋友设计的个人标志,我就连这是不是徐字也不敢肯定。
标志上为什么有五条线,为什么有卷曲的纸,我完全是失忆了。
曾认真设计的作品,但没有记录,又没有曝光,过了多少年没了记录,不能不说是件憾事。

个人标志项 | 241

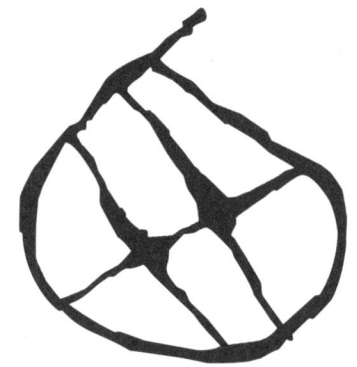

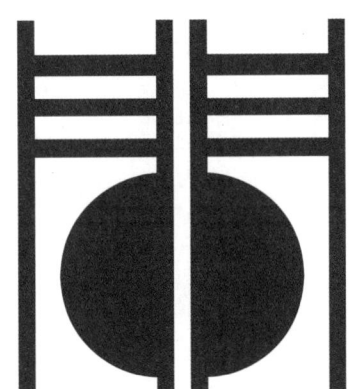

标志其他项
非正式运用的标志

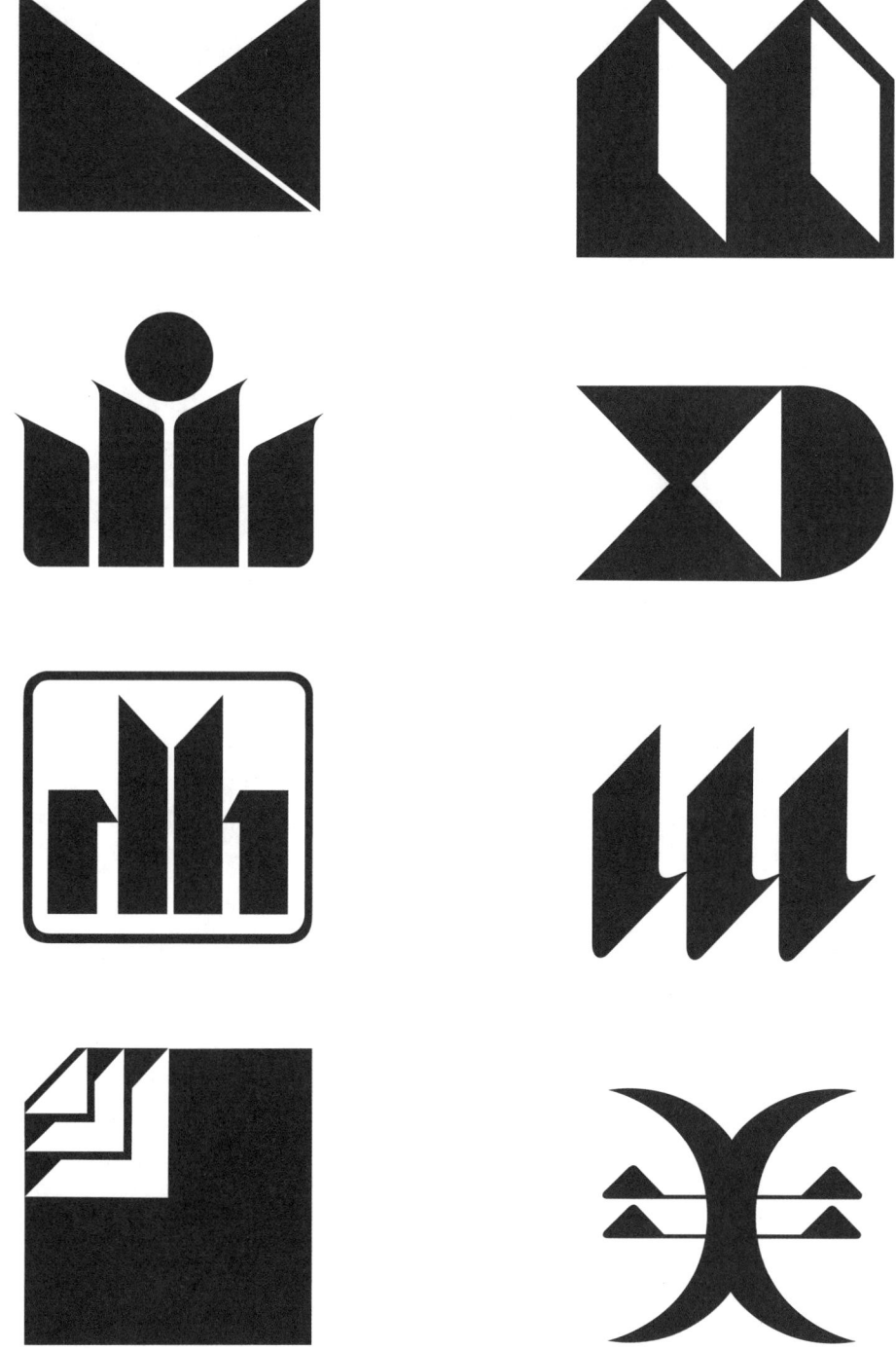

吉祥物设计

吉祥物项

企业吉祥物
产品吉祥物
竞赛吉祥物

图强燃气具（企业）吉祥物强仔 /1993 年
图强是广州的燃气具品牌，记得黑马最早是做顺德万家乐、神州燃气具，
后来才有机会服务到广州的图强燃气具。
当然，图强也是看到我们服务顺德名牌受到刺激来找黑马的。
两地办事的风格和气势真的很不一样，
这也反映出顺德企业当时能胜出并非偶然。
这强仔取的是一个广州的俗名，和神州燃气具当时活跃在全中国的小神气（吉祥物）
是同时代的人，但其知名度要比小神气弱了很多。
强仔就是一个小机器人的化身，城市商品讲究科技化，
应该是从这一观点出发设计的。

裕华风扇（企业）吉祥物华哥 / 约 1993 年前
顺德北滘是中国生产电风扇的主要基地，
传闻中国出品的四把电风扇就有一把是生产于北滘。
北滘电风扇早期有一个龙头企业叫裕华。
记得当年我们服务裕华时，同在北滘的另一家生产电风扇的企业"美的"还名不见经传。
后来，裕华沉沦，美的崛起。
也是由于当时的裕华品牌比较强势，我们做物料推广的只能和市场部的人沟通，
老板是省人大代表，根本见不到面。
影响比较大的广告他们也没有投资，只是投资一些纸类物料。
所以，我们所能发挥的范围也就是在新的小形象方面添加。
商标是不能动了，就添加一个吉祥物。
是用心设计了，可惜没有什么资金推动，也不是作为企业形象的策略推动。
如今，仅留下来的是当初的一点热血。

太阳鸟文具（企业）吉祥物活乐小子 / 约 1991 年前
形象靠推广才会产生意义。如果一个品牌只有名称，形象资源不足，
要推广的话有如无米之炊，难以执行。
如果一个品牌，形象资源很丰富，但又没有足够的资金去推广，那些形象就无异于废物。
只有形象到位、资金到位，能持续地推广，形象才能深入人心。
在市场有记忆的形象，大约都离不开这两点，
这和纯粹的就形象设计的好坏而论还是有着商战的本质差异。

盛世娱乐总会（企业）吉祥物盛世雄狮 / 约 1991 年前
用一只希腊的瑞兽作平面化的处理，挖掘不同的雄狮个性，
彰显贵族的气质。
在平面设计中，造型、线条和黑白的处理能力，
都是硬功夫，
都要很强的造型能力，这一点电脑处理图形的便捷性都是不可能取代的。
越是造型单纯，越是色彩单纯，越能考验这种能力。

天天火锅店（企业）辣椒仔吉祥物 /1991 年
黑马最早做的高科技品牌是深圳华源，相信深圳华源也是中国大陆最早的上市公司之一。
那时合作得很开心，
记得华源上市时老板还配给了我一些原始股，这待遇一辈子就这一次了，很感恩。
天天火锅店是华源上市前老板在重庆的投资，做完品牌形象后，经办人希望我能为该店做一吉祥物，
作为品牌形象还希望做个大的公仔，把它摆在各个连锁店的门口。
公仔做出来后听到的反馈意见：
辣椒仔手里拿着的一双筷子像是根棒棒，似守着门不让进。（什么也可瞎想。）
辣椒仔的帽子太高，摆在门口显得公仔很矮。（不可以把公仔放在高台之上吗？）

唐人软件（企业）吉祥物小唐人 / 约 1995 年前
这是一款朋友开发的软件品牌吉祥物，一个留有小辫子的清装打扮的"唐人"。
我曾玩笑地对他说，如果他一直能坚持做这种高科技开发，
说不定今天就没有了马云。
做乙方的服务命运总是这样的，能跟上一个好的甲方，往往是成就乙方发展的平台。
甲方和乙方最大的不同点，就是直接和间接面向市场。
甲方直接面向市场，风险大，也有成功的机会；
乙方间接面向市场，风险相对低，发展也受限。
这辈子我都是间接面向市场，风险不大，成就也不大，但对市场的风险还都有经历，
所以顶多就是个狗头军师的料。

雨润食品（企业）吉祥物雨润大叔 /2002 年
这是为南京雨润食品设计包装时建议为品牌加上的吉祥物。
只是一个提案，深化工作还没展开。
要不要吉祥物，吉祥物究竟是用卡通人物还是用真实人物，这都属于企业推广的策略，
需要全盘考虑后决策。

吉祥物项 | 259

智力玩品（产品）吉祥物智力小子 /1991 年前
一个儿童智力玩品的吉祥物，只是在承接包装设计的项目中顺带着设计了。
项目结束也就没了来往，生死未知。
以经验得知，这种好心可以不做，因为吉祥物属于副形象，
如果主形象的传播力量都不足，副形象肯定不会传播，
元素太多，而又没有传播力，反而会影响主形象的传播，吃力不讨好。

索泰克智力玩品（产品）吉祥物博士仔 / 约 1992 年前
回看起来，在改革开放之初博士型的吉祥物还真有不少。
记得当时有句很火的广告语，先是从"让一部分人先富裕起来"到"让一亿中国人先聪明起来"。
社会的进步，从打破偶像到每个人自建偶像，
这过程充满了欲望。
当信仰改变了欲望之时，相信社会和人都会平和很多，
但欲望和金钱相依相生，这概念在物质的社会不会改变。
这博士的形象做多了也烦，也不容易出彩。

海飞丝洗发水（产品）吉祥物长发妹 /1990 年
在 1993 年以前中国还不允许外资广告公司到大陆开办公司，
所有为国外品牌服务签有全球代理业务的国际广告公司都不能在中国大陆经营。
当时和宝洁签了全球服务的盛世广告公司也只派了一个外籍高管，
在广州白天鹅宾馆租了一间客房，另加一名中国秘书盯着中国宝洁的业务。
那时宝洁和盛世有个死约：就算盛世代理不了媒体业务，
也不能让国内广告公司代理，只能宝洁和媒体直接签。
唯一松口的是促销业务，可以由当地本土广告公司运作。
黑马当时能为宝洁服务也是基于这一原因，
并因"海飞丝·飘柔美发亲善大行动"的业绩得到了宝洁美国总部的嘉奖。
长发妹正是那时设计的促销吉祥物，用在当时活动的推广物料上。
由于只是活动性的区域推广，影响面还是相当有限。

咪咪乐儿童口服液（产品）吉祥物小猫咪 /1995 年
咪咪乐儿童口服液是江西吉安出品的一款专为儿童去渍开胃的口服液，
咪咪大约就是猫咪发出的叫声，也可把咪咪投射到宝贝小孩的身上。
乐就是快乐，塑造一只小猫咪快乐地敲起一只小鼓，这是咪咪乐的形象直释。
把此作为包装的主要元素，把包装和推广的形象做一合体，
用于低成本的销售不失为一个有效的方法。
包装广告化的前提是必须在商品研发、包装设计阶段就要开始，
如果失去了这个时机，包装广告化就是一句空谈。

洛湖居小区兔年（产品）吉祥物 /1999 年
那几年黑马做了很多房地产的项目，在番禺临近广州的房地产几乎都让黑马做了。
洛湖居是番禺洛溪板块的一个小区，当时每平方米的售价就是四千多。
如今说起来都是不可思议，但当时卖得并不快。
应该也是到了年关，应该也是到了兔年，
黑马是负责整体推广的，这节日的打扮也得包下。
于是，这只兔子也就设计出来了。
属于常规性的设计吧，就是一只在节日里蹦蹦跳跳的欢乐兔。

红桃 K 生血剂牛年贺年（产品）标志 /1997 年
吉祥物也属于标志的一种表现形式，它可以很长期地重要，也可以很阶段地耀眼。
作为和品牌直接紧扣的吉祥物有如标志，几乎永不改变，
就算改变也有一个很明显的传承关系。
作为分品牌、产品类、事件、速销的吉祥物，其影响的时间可长可短，
但忠诚企业的调性和品牌关联的表现是应该有共同的 DNA。
这牛只是那年贺卡上的宣传物料，一个阶段性的吉祥物。

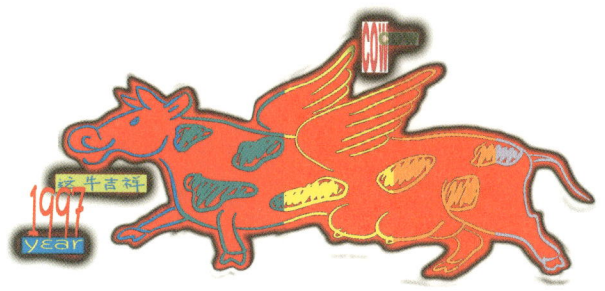

采力口服液（产品）吉祥物亚健康专家 /1997 年
中国保健品应是世界之最，
相信没有一个中国人一生没吃过保健品的，更有不少中国人一辈子都在吃保健品。
黑马应是中国做了最多口服液的广告公司，记得有一次我接待一位做口服液的客户，
他张口就问，黑马做过什么口服液。我回答他说，你最好问我没做过什么口服液。
采力是青岛海尔集团开发的一款说是缓解亚健康的口服液，
当年首站开发广州市场。亚健康的提法致诚广告老板何卫平说是他首提的，
这提法当时在广州的官方并不被接受，过不了两年全中国都在嚷了。
把吉祥物做成医生纯属无奈，
因为广告法规定药品、保健品的广告是不能出现医生和患者形象的，
出了个卡通医生算是打了个擦边球，这打擦边球的手法在保健品广告中常用。
对不对不是关键，能不能播才是要害。

天衡健营养食品（产品）吉祥物 /2002 年
此为香雪制药旗下的天衡健营养食品配套设计的吉祥物。
吉祥物以绿叶为原型，表现其原料的天然、有机、安全和健康的属性。

索华空调（产品）吉祥物空调博士 /1995 年
这是一家中山的企业，企业的高管当时全是来自顺德鼎鼎大名的华宝空调，
厂长也是原来华宝的厂长，叫黎钢，
都是老朋友，因为头头们都转过来了，所以黑马的服务团队也转了过来。
记得我也参与了品牌的命名，我当时定下了两条原则：
一是最好和华宝有关，因为华宝空调当时在中国的名气特别大；
二是有日本大企业的联想。于是"索华"就呼之欲出了。
用黎钢当时的话来说，叫索取华宝。当然，这只是调侃。
用吉祥物也是当时的设计潮流，
记得当时电脑制作刚刚兴起，把吉祥物用二维来制作相当有科技感。
于是，这个吉祥物就有两个版本：一是平面的一维，二是立体的二维。
两个形象的结果也是黎钢插手造成的，老板要"下场踢球"，谁也控制不了。
因为也是行家在操作，生产和销售很快就上马了。
至于后来企业倒闭，据说是受金融危机的影响，投资商有新加坡的资金，
那边受金融危机伤了筋骨，回过头来抽了"索华"的血去新加坡救命，
结果这边资金不足，给抽血抽死了。
至于华宝空调的头头为什么全部另立山头开创索华，
这应该是顺德改革遇到的案子，不是设计专业范围的事情了。

亨氏婴儿米粉系列（产品）食品吉祥物 /1988 年
看吉祥物创作的时间，就知道年代久远了。
这是一组为亨氏婴儿营养米粉系列食品作推广物料专门设计的吉祥物，
亨氏是美国著名的食品品牌，能参与其中的形象设计，在二十世纪八十年代末并不容易。
今天这业务相信也会令很多知名的广告公司垂涎，而当时能接这业务的大陆广告商还真没有。
黑马除了做这推广，后来还做了部分亨氏食品的包装，包装的对接审批是美国总部。
当时没有电脑，全是以传真和电话沟通，隔山买牛的情形只有在那个时代才能得到体现。
这都是历史了。
记得当时电视上推广得最好的是亨氏的甜麦圈和咸麦圈，那支儿歌腔调的广告歌唱响了整个广州。
为此，黑马还参与设计了两款小包装。当时，应该是广州主流的零嘴，时髦的零嘴。
把吉祥物用在包装上，用在商场终端宣传物料上，吉祥物的价值得以充分体现。
如果我没有记错，亨氏在广州设计的吊旗应是广州商场出现的第一款吊旗。
那时候商场的商品宣传物料特别少，这吊旗一出现的确加强了商品信息的传播。
同一时间，毗邻广州的香港，这种表现形式已经相当普遍，
而国内大部分区域还不曾出现，这很明显地看出了广州当时在全国商业发展中的领先作用。

光明酸奶系列（产品）吉祥物 /2000 年
在中国乳业品类，黑马为上海光明、山东得益的品牌做过整体设计，
至今我还认为光明的商标在中国所有乳业商品包装上的展现是最强的。
这套卡通是当年为光明作包装设计时创作的一套专为酸奶包装应用的吉祥物，
因为涉及定位和推广，方案最后应该没被采用。

红桃 K 生血剂兔年贺年物料卡（产品）通兔 /1999 年
生肖属相在中国人心目中重要的地位仅次于姓名，
因而在每个中国旧历年到来之际，人们都会特别重视对当年生肖形象的推广，
所以对十二生肖形象的设计有着极大的空间。

中国商业摄影大赛（竞赛）吉祥物摄影佬 /2000 年
我是中国商业摄影大赛第一、二届的评委，
见证了中国改革开放早期一批最好的商业摄影师的作品，和很多优秀作者都结下了情谊。
记得从第二届起，主办人陈永让我义务负责大赛的整体形象设计。
我设定的主题语是：拍亮中国。吉祥物是个摄影佬。
这都是日常工作经常接触到的最生动的形象，
唯一特别的是为这摄影佬穿上一件象征国旗的衬衫，在不羁的外表下跃动着一颗滚烫的心。

2008 年北京奥运会（竞赛）吉祥物 /2004 年

2008 年北京奥运会举办理念是：绿色奥运、科技奥运、人文奥运。

我们用中国的五行学说，以及其代表的灵兽，来作为奥运会吉祥物的创意基础和理念。

五行与奥运会会环有异曲同工之妙，奥运会五环代表亚洲、欧洲、非洲、美洲和大洋洲五大洲，

象征着全世界人民同心同力，心手相连。

而五行的五种颜色，代表着东西南北中，同样是五湖四海的象征。

因此用五行的理念来表达奥运五环的理念，是非常有象征意义的。

在中国古代最令妖邪胆战心惊并且法力无边的四大神兽就是青龙、白虎、朱雀、玄武四兽了。

青龙为东方之神；白虎为西方之神；朱雀为南方之神；玄武为北方之神，龟蛇合体。

故有青龙、白虎、朱雀、玄武，天之四灵，以正四方，王者制宫阙殿阁取法焉。

五行的基本规律是相生与相克。这相生相克的理念延伸出四大神兽的唇齿相依、互为兄弟的关系。

在中国本土的道教兴起之后，这四灵也被冠上了人名，便于人类称呼，

青龙叫"孟章"，白虎叫"监兵"，朱雀称"陵光"，玄武为"执明"，

而在众多的朝代中也有一些君主取青龙来做自己的年号，

如三国的魏明帝就是一例，而《史记》中也有关于夏朝是属于木的朝代，

及"青龙生于郊"的祥瑞之兆的记载。

吉祥物项 | 277

第四届澳门东亚运动会（竞赛）吉祥物/2001年
在过往的20年间，
东亚各国除了在经济方面有所发展外，亦在本地区的各项事务间增加了交流。
东亚运动会就是在此环境下诞生的。
它以共同提高本地区的竞技水平为目标，
更希望借此增进东亚人民之间的友谊，为维护本地区及国际的和平做出贡献。
第一届东亚运动会于1993年在中国上海举办，其后韩国釜山在1997年举办了第二届赛事，
日本大阪在2002年5月举办了第三届东亚运动会。
而中国澳门取得第四届的举办权，在2005年举办第四届东亚运动会。
本次比赛的主办单位为2005年澳门东亚运动会协调办公室，
随着大会徽章及口号的选定，大赛主办单位在亚太区范围内征集吉祥物。
要求作品生动、新颖，具有活力和吸引力；能宣扬澳门的文化形象及运动会精神。
从参选的作品当中，选出最能代表2005年澳门东亚运动会的吉祥物。
此次参赛，黑马设计人员投入了极大的热忱，夜以继日地创作，
并得到了湖北美术学院陈绿寿教授的直接指导，
作品完成后才知道错过了交稿的日期，也就是一天，
作品完全无法进入评比的现场，真令我们终生遗憾。

莲娃
把传统文化与现代体育融合,展现了鲜明的民族性和运动精神。
生动、活泼,以及赋予力量与神勇的形象感,突出了东亚运动会的内涵。
运用中国传统的年画技法,以地域文化的特色表达了吉祥、喜庆的盛会氛围。

藕仔
应"莲藕同根"的古话，
由澳门特别行政区区旗的荷花衍生出与荷花有密切关系的莲藕，
并赋予其活泼、俏皮、动感十足的现代卡通形象，
传达现代运动精神健康、积极、向上的精髓。

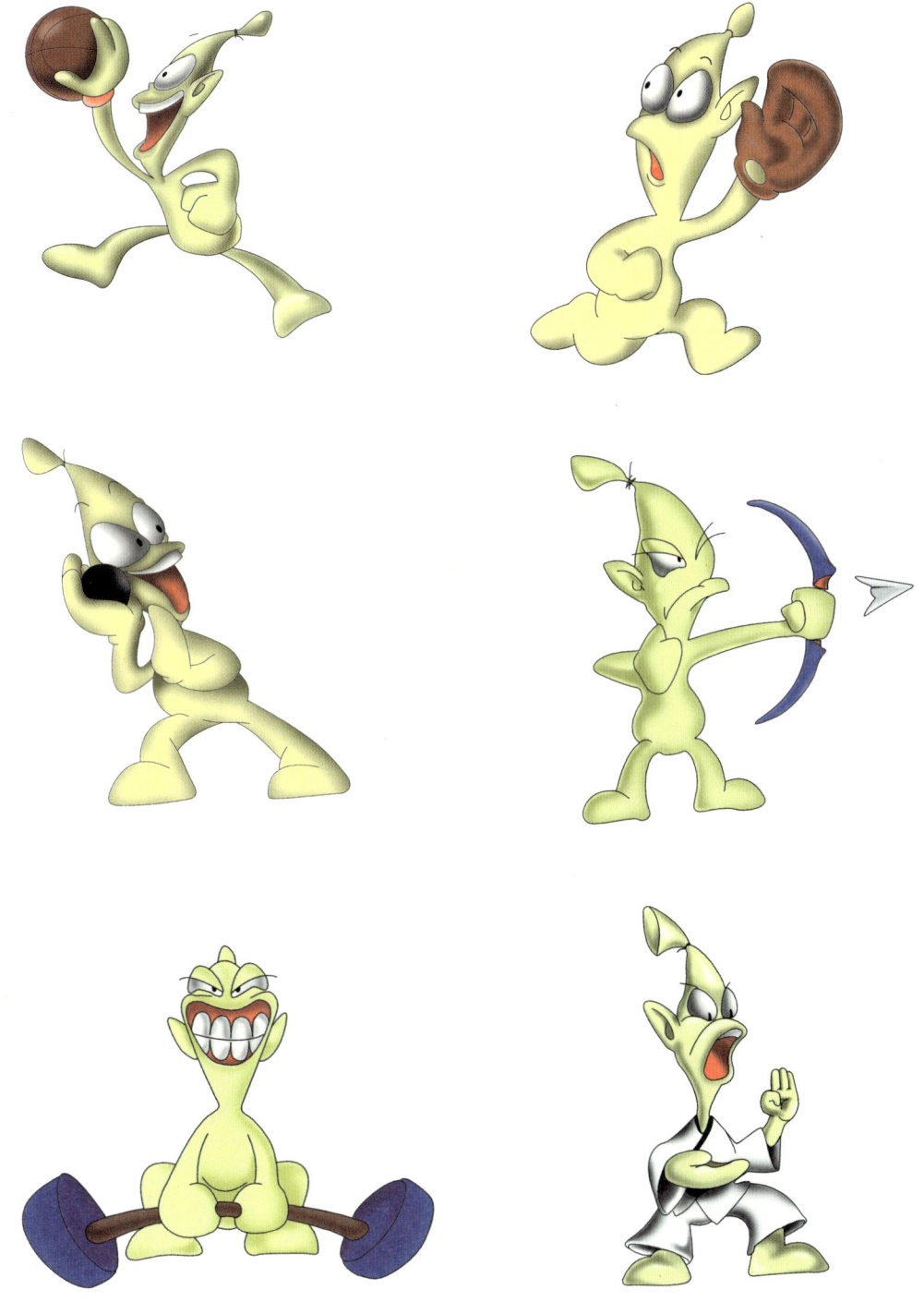

童童
一粒威武的种子（莲子）身着运动的盔甲，形象活泼、可爱。
取材于莲子，从澳门的区徽中衍化而来，
有把东亚各国"连"一起，携手共创新纪元的寓意。
基调采用明快、艳丽的黄色，表示这是一次热烈、喜庆的运动盛会。

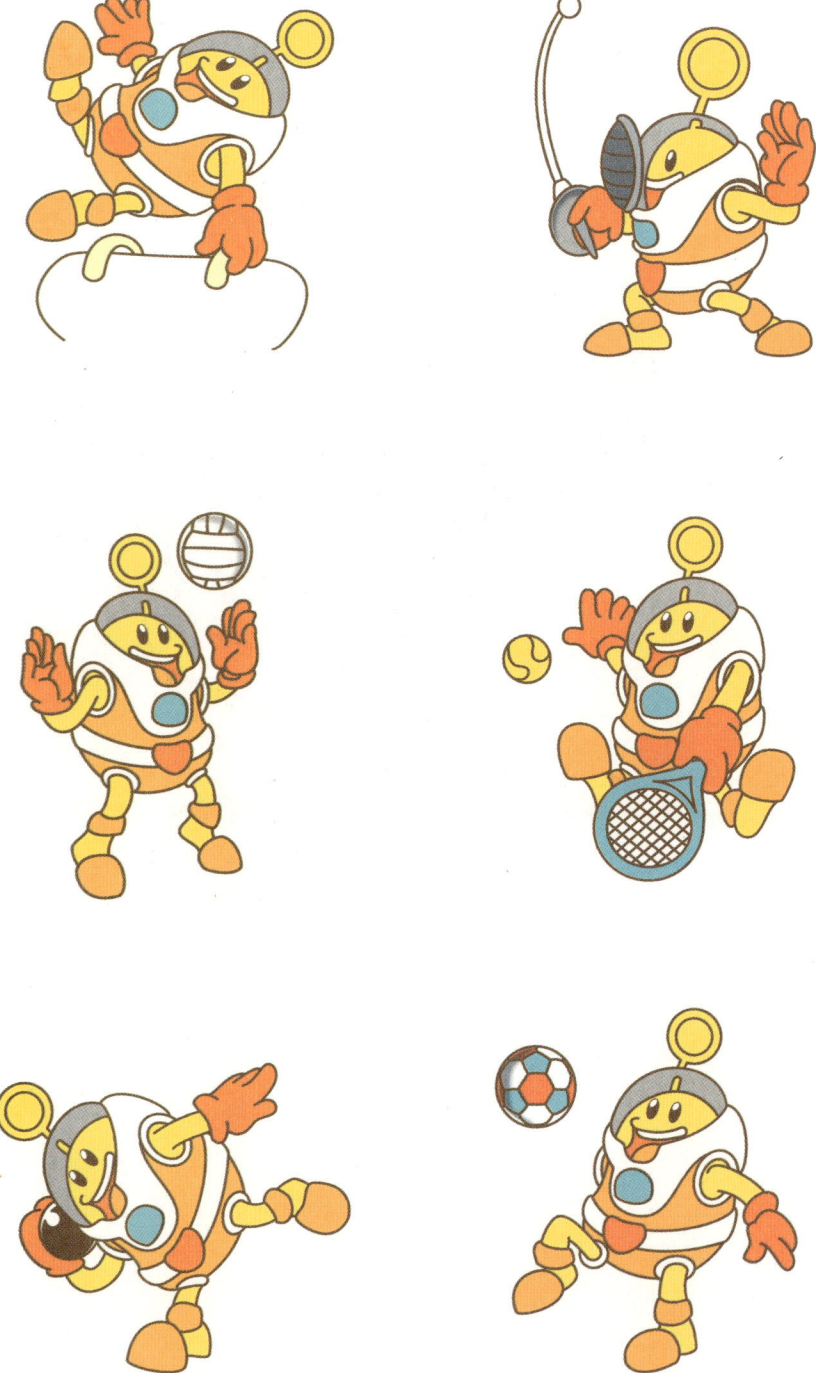

莲星君

莲星君由哪吒变化而来,
头上的髻演化成一对敏锐的触角,
并且保留了哪吒最有特色的荷花领、风火轮、乾坤圈,
给莲星君的形象注入了灵气和活力。
有突破的现代吉祥物形象,
正符合了现代的竞技盛会,寓意着澳门承古启今的魅力。

中国足球协会超级联赛（竞赛）会徽·吉祥物 /2002 年
中国足球协会超级联赛于 2004 年揭幕，它是由中国足球协会主办，
由中国足球协会授权中国足球协会超级联赛委员会进行管理的全国最高水平的足球职业联赛。
它以新的管理体制、新的联赛规范、新的市场发展、新的足球文化，展现全新的风貌。
会徽设计要求图案简明，富于活力，既有中国文化内涵，又具国际化特点。
吉祥物设计要求能够代表或体现中华民族特性的动物形象（如龙等）；
拟人造型，活泼可爱，富有动感，并具民族特色和时代气息；
有多种变化造型；适宜动画制作、电视宣传；等等。

字体设计

字体项

黑马书籍封面字项
企业及产品名称项
中英文项
英文项
音乐及歌带字项
其他字项

黑马画字

设计百姓

黑马画字

黑马漫画

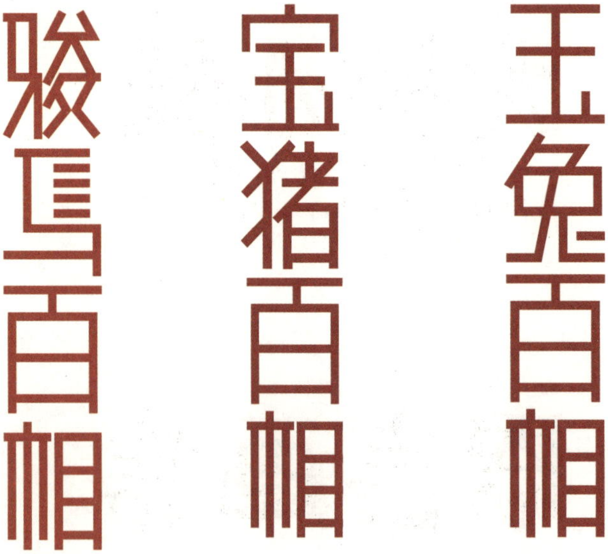

骏马百相　宝猪百相　玉兔百相

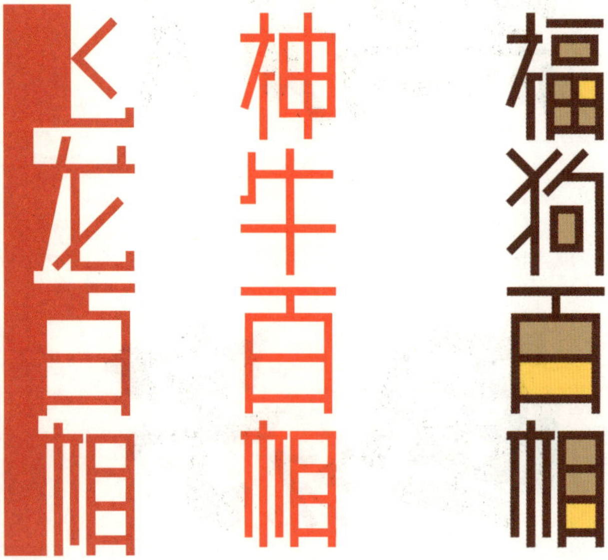

长龙百相　神牛百相　福狗百相

吉羊百相

灵蛇百相

喜鼠百相

美猴百相

威虎百相

光头仔

黑话连篇

胡言乱语

交际花

嘉言画集

朋友
黑马作品

金鸡百相

uncle·B
黑马大叔

Asia 亚洲吉祥　黑马大叔作品集
Uncle.B's art works collection
Lucky

营润 美白

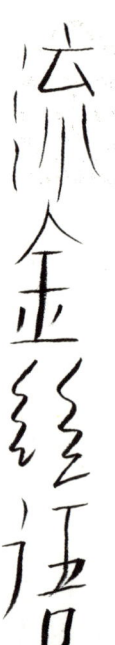
流金丝语

争痘修痕

面贴膜

美颈贴

晒后修复

生脉饮

润通

鼾停

百痛宁

清毒祛痘

水润弹滑

祛黄净白

净螨健肤

集美组

卡尔曼丹

国彩艺术馆

爱心集结号

玉颜胶囊

肾宝糖浆

解郁肝舒胶囊

妇科再造丸
FUKE ZAIZAOWAN

高钙活性乳

特浓奶

精选奶

纯牛奶

大天王

绿岛和风

小神风

小森林

西佳

大牌

科健

五羊

滔心

雲鴿

中南

銀 STAR 星

嘉樂寶

智能蛋

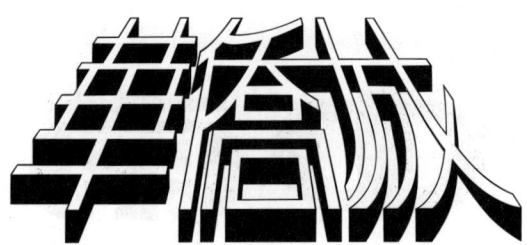

白云牌

五羊風扇

萬通電器

攝影世界

白蓮花生

達洲皮鞋店

鸿运牌风扇

南華音象帶

广州杰出青年评选

糖菓玩品有限公司

广东卓越空调器厂

广州市坚红化工厂

南國影業廣告有限公司

深圳華源實業股份有限公司
SHENZHEN HUAYUAN INDUSTRIAL CO.,LTD.

富林牙膏

荷西

飘静

老荫茶

西城

鲜

甜

纯

浓

JIABAO
家寶牌

鱷魚
EYU

一材電器
YICUN

HuaYuan
華源磁電

ANTIAN

TIANHE

DOLPHIN BRAND

JIANKANGLE

GQM

Huadu

JEKOLO

PROSPER

楊君子面譜

鄧志樂

中國舞曲

祝你好运

阿里爸爸

高敬竹林

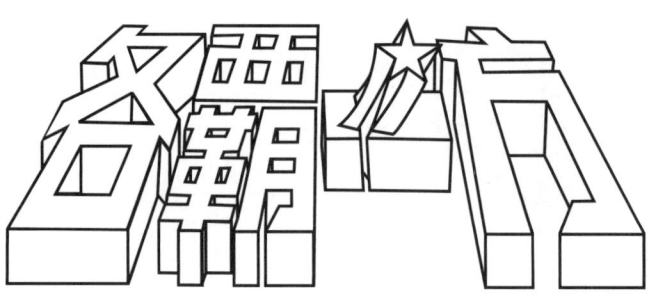

名歌名曲

金曲舞王
崭新节奏·潮流正兴

杨君子

怪女孩

狼和小羊

衔肉的狗

夜幕升起

字体设计

天使鸟狼

'88龙虎榜

婵娃

好孩子

姊妹

蓬莱仙姐

柔情蜜意

十大明星
评选颁奖晚会

台湾巨星

美与生活

广州十大奇招

新艺术展

★★★★
星河展

'87 天府之国
时装设计
电视大奖赛

HUA NUN

DISCO

LEIGH

HONG KONG

DREAMLAND

Chinese
Spring Rolls